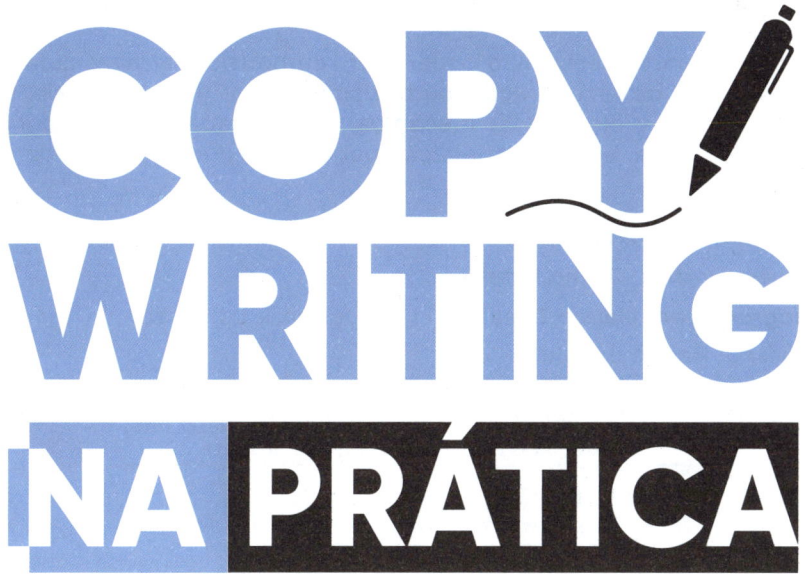

Copywriting na prática
COMO DOMINAR O PODER DA ESCRITA PERSUASIVA PARA VENDER E LUCRAR MAIS NA INTERNET

DVS Editora Ltda. 2023 – Todos os direitos para a língua portuguesa reservados pela Editora.

Nenhuma parte deste livro poderá ser reproduzida, armazenada em sistema de recuperação, ou transmitida por qualquer meio, seja na forma eletrônica, mecânica, fotocopiada, gravada ou qualquer outra, sem a autorização por escrito dos autores e da Editora.

Design de capa: Felipe Onzi
Projeto gráfico: Bruno Ortega
Diagramação: Márcio Schalinski | LC Design & Editorial
Revisão: Hellen Suzuki

```
Dados Internacionais de Catalogação na Publicação (CIP)
        (Câmara Brasileira do Livro, SP, Brasil)

    Terra, Rafael
        Copywriting na prática : como dominar o poder da
    escrita persuasiva para vender e lucrar mais na
    internet / Rafael Terra. -- São Paulo : DVS Editora,
    2023.

        ISBN 978-65-5695-100-3

        1. Comunicação escrita e impressa 2. Marketing
    3. Negócios 4. Persuasão 5. Vendas - Técnicas
    I. Título.

23-175109                                    CDD-658.802
```

Índices para catálogo sistemático:

1. Marketing : Comunicação : Administração de empresas   658.802

Eliane de Freitas Leite - Bibliotecária - CRB 8/8415

Nota: Muito cuidado e técnica foram empregados na edição deste livro. No entanto, não estamos livres de pequenos erros de digitação, problemas na impressão ou de uma dúvida conceitual. Para qualquer uma dessas hipóteses solicitamos a comunicação ao nosso serviço de atendimento através do e-mail: atendimento@dvseditora.com.br. Só assim poderemos ajudar a esclarecer suas dúvidas.

RAFAEL TERRA
siga @terradorafael

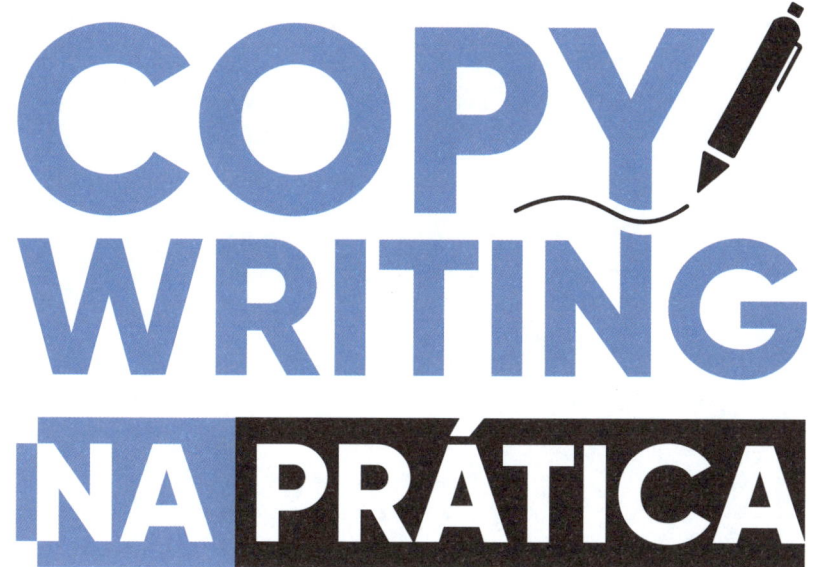

COPYWRITING NA PRÁTICA

COMO DOMINAR O PODER DA ESCRITA PERSUASIVA PARA VENDER E LUCRAR MAIS NA INTERNET

Um verdadeiro manual atualizado e prático para você aprender a projetar as palavras certas e ATRAIR MAIS CLIENTES!

Afinal, o mundo nos devolve aquilo que projetamos!

DVS EDITORA

www.dvseditora.com.br
São Paulo, 2023

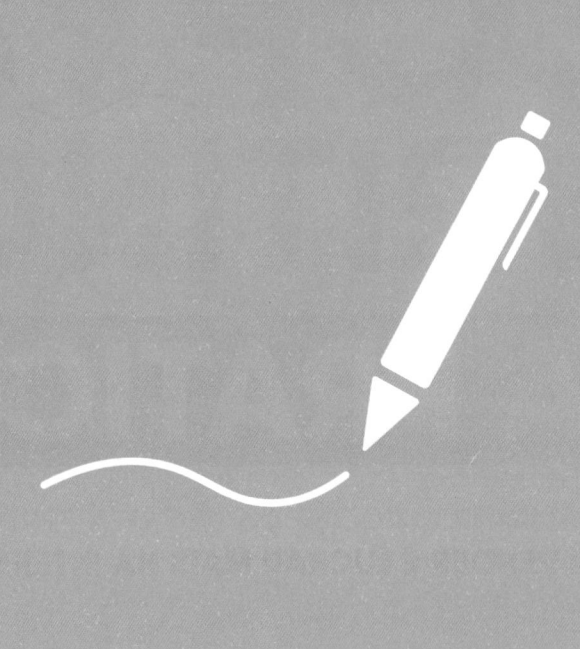

SUMÁRIO

Copywriting: A ação de começo, meio e fim para vender mais em menos tempo 7

Capítulo 1: Conceitos de Copywriting 11

Capítulo 2: O mercado de Copywriting 23

Capítulo 3: Requisitos para começar a atuar como Copywriter 31

Capítulo 4: 6 razões para apostar na profissão de Copywriter 41

Capítulo 5: Planejamento de Copywriting 49

Capítulo 6: Copywriting para aumentar autoridade digital da marca 55

Capítulo 7: Buyer persona e Copywriting 75

Capítulo 8: Como quebrar as objeções da buyer persona 81

Capítulo 9: Como construir promessas fortes e a Big Idea 91

Capítulo 10: Palavras que enriquecem a Copy 103

Capítulo 11: Inspirações para a criação da Copy 113

Capítulo 12: O período ideal para a realização da ação de Copywriting 121

Capítulo 13: Gatilhos mentais 129

Capítulo 14: Copywriting para páginas de vendas 149

Capítulo 15: Como trabalhar o CTA nas páginas de vendas 163

Capítulo 16: A importância da página de obrigado e dicas de ferramentas . . 169

Capítulo 17: Copywriting para e-mail marketing 173

Capítulo 18: Copywriting para anúncios 185

Capítulo 19: Copy para vídeos de vendas 201

Capítulo 20: Copy para vender em lives 205

Capítulo 21: Quantos anúncios devo fazer durante uma ação de Copy 211

Capítulo 22: Ferramentas para melhorar a Copy dos anúncios 215

Capítulo 23: Evite estes erros na Copy dos seus anúncios 221

Capítulo 24: Conteúdos de reciprocidade - Copy para redes sociais 225

Capítulo 25: Copywriting para marketing de relacionamento 243

Capítulo 26: Copywriting para whatsApp 251

Capítulo 27: Alavancadores de resultados e como trabalhar valores em Copywriting . . . 259

Capítulo 28: 17 tendências de Copywriting 265

Capítulo 29: Mensuração de resultados em Copywriting 271

Capítulo 30: Resumão - um guia rápido para você consultar sempre 277

Capítulo 31: Que comecem as vendas! 279

COMPARTILHE EM SEUS STORIES

COPYWRITING UTILIZADO DA FORMA CORRETA AUMENTA FATURAMENTO ATRAVÉS DE UMA AÇÃO DE VENDAS COM COMEÇO, MEIO E FIM!

NÃO MORRA NA PRAIA. VÁ ATÉ O FIM DA VENDA!

@TERRADORAFAEL

COPYWRITING: A AÇÃO DE COMEÇO, MEIO E FIM PARA VENDER MAIS EM MENOS TEMPO

Que satisfação saber que meu terceiro livro conta com a sua leitura!

Depois de lançar *Instagram Marketing*, em 2021, e *Autoridade Digital*, em 2023, o próximo passo para ajudar marcas pessoais e empresariais a chegarem a um novo status usando o digital é falar sobre o superimportante — mas que ainda gera confusão — conceito de copywriting.

Se você leu as duas obras anteriores ou já sabe muito sobre Instagram, autoridade digital, marketing e redes sociais em geral, certamente vai perceber, desde as primeiras páginas, que copywriting une tudo isso e mais um pouco.

Entendo que essa afirmação possa ter causado surpresa. E está tudo bem, porque organizei este livro como **um grande passo a passo prático** para você entender o quão completo é o mundo do copywriting!

- ▶ Sim, é sobre escrever.
- ▶ Sim, é sobre ser persuasivo.
- ▶ Sim, é sobre ter oferta.
- ▶ Não, não é (só) sobre dar desconto.

Na verdade, copywriting é tudo isso e muito mais. Eu chamo de **movimento de vendas**: um caminho com começo, meio e fim que realmente converte.

Você vai ler bastante a respeito do tema, mas reforço desde já que você precisa guardar isto: **começo, meio e fim**. Ações estruturadas dessa forma são as realmente efetivas quando o assunto é copy. Por quê?

Porque copywriting não está relacionado apenas a escolher as palavras certas. Obviamente isso também está no escopo, mas o principal fator é criar um movimento de vendas dentro da empresa que realiza a ação de copy, para gerar um **pico de faturamento** em um curto espaço de tempo. É algo que exige conhecer bem:

- O modelo de negócios da marca.
- Os atributos de produtos e serviços.
- Os perfis dos clientes.
- As dores, as dúvidas, os objetivos e os sonhos dos clientes.
- Como escolher boas fotos e vídeos (ou contratar profissionais capacitados).
- Como criar um bom design (ou contratar designers com experiência em copy).
- Como usar ferramentas de e-mail marketing e automação.
- Como mensurar resultados além do número de vendas.
- Como se relacionar em diferentes canais de venda (ou treinar equipes para isso).

Apesar de o nome remeter à escrita, copywriting é um mundo amplo e **cheio de oportunidades**. O ramo de copywriting é um **nicho de mercado dos mais quentes** no ramo do marketing digital. Tem muita vaga para cem grandes empresas, agências de marketing e um universo de possibilidades no mercado de infoprodutos. Os lançamentos de produtos digitais não seriam possíveis se não existissem profissionais especializados em copy!

Neste livro, trago tanto uma visão de mercado como a visão acadêmica. A parte mais prática se deve à vivência no mercado em que atuo há mais de 15 anos, tendo trabalhado com cursos, consultorias e treinamentos in-company para grandes players, como Mercado Livre e Bradesco. A perspectiva acadêmica, mais conceitual, é fruto da minha bagagem por ter lecionado sobre copywriting na USP e na ESPM.

Quando falamos de copy, estamos falando sobre **persuasão**. E muita gente **confunde** persuadir com mentir. Jamais faça isso! **Persuasão é levar uma pessoa a fazer uma ação**. No mundo dos negócios, é aproximar o seu lead a uma ação que você deseja. A persuasão também está presente fora do ramo dos negócios, inclusive na nossa vida pessoal.

Imagine que você está num date e quer assistir a um filme, mas a pessoa com quem você saiu quer ver outro. Com uma boa argumentação, você poderá persuadir a pessoa a assistir ao filme que você sabe que é bom, ou que acredita ter potencial para fazer valer o tempo investido. Ou seja, copy pode ser boa até no seu dia a dia pessoal.

Mas vamos focar os negócios. Guarde isto também: copywriting sempre tem que ser aplicada com ética, sempre a partir da verdade! Nunca é uma boa ideia mentir, ainda mais em plena era digital, em que tudo fica registrado. Não busque atalhos ilícitos, nem faça falsas promessas, combinado?

Dito isso, desejo que esta leitura seja o início de uma bela jornada em um mercado pelo qual, particularmente, sou apaixonado, que é o digital. Que os conhecimentos adquiridos aqui te ajudem a atingir seus objetivos pessoais e profissionais, seja como copywriter, empreendendo ou trabalhando para uma marca. Aprender copy é algo que foi válido no passado, é válido no presente e seguirá valendo sempre, independentemente das tecnologias que o futuro reserva. O mercado de copy está bombando e seguirá assim, pode ter certeza!

COMPARTILHE EM SEUS STORIES

A MISSÃO DE UM COPYWRITER É INFLUENCIAR AS PESSOAS A COMPRAR!

E RÁPIDO, VIU?

@TERRADORAFAEL

CAPÍTULO 1:
CONCEITOS DE COPYWRITING

Aquilo que você joga ao mundo, o mundo te devolve. Tendo isso em mente, copywriting é jogar no mundo aquilo que a sua marca deseja que aconteça.

Existe o período de plantio e o de colheita. Copywriting é sobre colheita — e colheita farta! Mas antes de colher você aprenderá também como plantar coisas boas que te levem rumo aos seus objetivos de negócios.

O engajamento das pessoas com a sua marca — elas comprarem ou não o seu produto ou serviço — depende do que você expõe a elas. Se não tiver uma boa solução e uma boa oferta com benefícios para a pessoa, por que ela iria comprar? Sem esse "match" entre produto ou serviço útil e boa oferta, você não terá bons resultados.

Eu costumo dizer que:

PROMESSAS FRACAS = VENDAS FRACAS

PROMESSAS FORTES = VENDAS FORTES

Em copy, tudo é sobre promessa. Você vai seduzir o lead com essa promessa (que deve estar alinhada à qualidade do seu produto ou serviço), para que a pessoa compre o que foi prometido. Obviamente isso tem que estar pautado pela verdade. Caso contrário, você gera uma crise para a marca.

Imagine que você está vendendo vinho e afirma que ele é "o melhor do Brasil". No entanto, não há nenhuma certificação ou prova social que indique isso. Os resultados não serão os mesmos de uma ação de copy bem planejada, e mais do que isso: as poucas pessoas que comprarem poderão gerar uma crise para a sua imagem, porque, na verdade, seu vinho é ruim.

Você já tinha pensado nisso?

A verdade é realmente o caminho do sucesso. O que garante o crescimento das marcas de maneira sustentável são **os clientes fiéis e as indicações**. A indicação só acontece quando a promessa é forte, e o negócio é capaz de honrá-la. Não se preocupe, pois até o fim deste livro você vai saber como criar uma promessa forte e viável de honrar.

Uma ação de copywriting efetiva depende de um produto ou serviço que cure uma dor ou realize um desejo da buyer persona. Veja bem: *buyer persona*! Não significa que todo o mundo considere a solução boa ou deseje comprá-la. Um dos maiores aprendizados que eu gostaria que você levasse deste livro é: Você nunca irá vender para todo mundo. Isso é ótimo — e até o fim da leitura você entenderá o motivo.

Voltando a falar sobre curar uma dor ou realizar um desejo, a copy reforça que você tem a cura para a dor ou que a solução que realiza o desejo. Se já tem clientes, fiéis ou não, pare e reflita o seguinte: você realmente está sanando uma dor ou realizando um desejo de quem compra da sua marca?

Você não precisa refletir por conta própria, pois nos próximos capítulos vou indicar formas e ferramentas que o ajudarão a conhecer melhor a percepção da buyer persona sobre a sua marca. Mas antes preciso explicar algo muito importante: nem tudo é copywriting.

O QUE NÃO É COPYWRITING

Copywriting não é *copyright*. Copyright é direito autoral.

Copywriting não é *webwriting*. Webwriting é escrita para web em geral, especialmente em blogs, muito vinculado à otimização de conteúdos para os buscadores, o famoso *Search Engine Optimization (SEO)*. Ou seja, webwriting não é necessariamente uma escrita com o objetivo de converter vendas ou gerar leads, e sim informar os usuários sobre um tema específico.

Copywriting não é *social media*. Social media é a arte de gerir as redes sociais.

Copywriting não é *marketing de conteúdo*. É aqui que a confusão realmente acontece. Marketing de conteúdo é o que nutre o relacionamento entre leads, clientes e marcas no digital. É simples assim: sem conteúdo = sem relacionamento. Isso vale inclusive para as relações pessoais. Acabou o conteúdo de um crush ou de um amigo, que se tornou desinteressante? Acabou o relacionamento. Marketing de conteúdo é o conteúdo diário publicado nas redes sociais e em blogs com o objetivo de gerar engajamento para manter vivo esse relacionamento. Quanto mais engajamento, mais vendas.

É como eu costumo dizer:

Engaje gente engajada.

Por que eu digo isso? Porque você sempre vai vender mais para pessoas engajadas.

Ah, Rafael, mas se marketing de conteúdo não é copywriting, eu preciso dessa estratégia para vender no digital?

Com certeza!

No meio de uma estratégia de copywriting, você terá também que trabalhar bem o marketing de conteúdo. Tem hora de plantar e tem hora de colher. Você se lembra da hora de plantar e de colher? O marketing de conteúdo é o plantio para que o copywriting colha aos montes.

Marcas que só focam copywriting a todo momento viram empresas chatas e interesseiras. Tudo vira uma grande prateleira: redes sociais, e-mail marketing, blog... Lembre-se: Nós seres humanos não compartilhamos publicidade. Nós compartilhamos conteúdo.

Resumindo, marketing de conteúdo é focado em gerar engajamento, enquanto copywriting tem como foco alavancar faturamento em um curto período de tempo.

O GRANDE ERRO EM COPY: NÃO FAZER UMA AÇÃO CONSISTENTE

Muitas empresas morrem na praia por ficarem apenas no começo. Elas rodam criativos e mandam e-mails no começo da divulgação de um produto ou serviço. Até aí OK, mas...

... se você não der um motivo para a pessoa comprar em mais de um momento, ela vai comprar quando achar que é possível comprar. Sabe o que acontece? Muitas vezes, ela se esquece da sua oferta.

Tem um conceito muito importante que diz o seguinte: *No digital as pessoas não são. Elas estão.* O que isso significa?

Com tanta informação, conteúdo e publicidade rolando a todo momento, é muito difícil manter o foco durante a navegação na web. Ou seja, por um instante você pode ter interesse em fazer algo, mas logo pode se deparar com uma notícia, um meme, uma fofoca, um conteúdo, que vai tirar completamente a atenção do que você achava que queria fazer.

Vamos ser sinceros: ninguém abre o Instagram, o TikTok ou qualquer que seja a rede social pensando em receber publicidade. Mas uma ação de copy bem executada pode, sim, fisgar a nossa atenção para que a gente queira comprar. Só que, se algo atravessar a nossa atenção, já era! É preciso nos lembrar mais vezes. E esse é, de novo, o grande diferencial da ação de copy com começo, meio e fim.

Quando você trabalha começo, meio e fim, lembrando rotineiramente que o lead precisa conhecer sua oferta e oportunidades específicas — como no "último dia para comprar" —, você vai gerar mais vendas.

A sua missão como Copywriter é influenciar as pessoas a comprarem. E rápido! Agora! Não funciona assim: *Ah, lancei isso, o lead compra quando quiser...* E sim: *Lancei isso, e o desconto vai só até amanhã.*

Se você lança algo cuja ação vai durar uma semana, você tem que lembrar as pessoas *diariamente* dos motivos pelos quais elas precisam comprar seu produto ou serviço, e quais são os benefícios que elas terão se adquirirem *logo*.

Você já deve ter passado pela situação de não ser, e sim de estar, no digital. Por exemplo: você gostou de um evento que viu no feed, logo se inscreveu para participar da transmissão ao vivo, mas tanta coisa aconteceu até o dia do evento que você simplesmente se esqueceu de se conectar no dia da live.

É para evitar isso que as técnicas de copywriting são fundamentais. Assim, você lembra as pessoas certas de que elas precisam comprar algo ou fazer a ação que você deseja que elas façam *agora*.

MUITO ALÉM DO DESCONTO

Mencionei antes e reforço: copywriting não é só sobre oferecer desconto. Esta é **uma** das formas para gerar vendas, mas saiba que uma ação de copy efetiva é muito mais do que isso: É sobre dar um **ótimo motivo** para a pessoa comprar da tua marca **naquele momento**. Copywriting é sempre **a curto prazo**, pois serve para gerar um pico de faturamento em um determinado período.

Existe um fenômeno conhecido como **Efeito W**. Funciona assim: ao iniciar uma ação de copywriting (ou abrir o carrinho, como costumo dizer pros meus alunos), você tem um pico de faturamento. Depois tem uma queda natural nas vendas. Se realizar uma ação no meio do caminho, como um webinar ao vivo, tende a ter um novo pico de faturamento.

Ao final, ocorre um terceiro pico de geração de receita, pois é quando a ação de copy entra nos momentos finais, e os gatilhos mentais de urgência e escassez são ainda mais utilizados.

Dessa forma, você tem um gráfico que forma um movimento como se fosse a letra W.

PICO DE VENDA

É fato: o brasileiro adora deixar para a última hora, então é muito natural que exista um vácuo entre início e fim. Mas para que também haja um pico no meio do caminho, quando você ler os capítulos mais práticos, saberá como conquistar também um pico de vendas no meio da ação de copy, se ela não tiver objetivos de curtíssimo prazo (um ou dois dias).

A duração de uma ação de copy efetiva deve ser um dia, uma semana ou no máximo duas semanas, quando for algo de muito valor agregado, como a venda de um imóvel. O mais usual é uma semana, porque dá tempo de preparar uma série de ações que levem os consumidores a comprar nesse período.

Dito isso, tenha em mente que copy é sempre sobre **criar demanda gerando desejo e necessidade** por um produto ou serviço para, então, aumentar faturamento. É aí que entra a **promessa de venda**.

Sempre tenha na ponta da língua respostas para estas perguntas:

- Que problema do cliente a sua solução resolve?

- Que desejo realiza?

- Qual benefício minha marca vai dar para que as pessoas **comprem agora**?

Isto é muito importante: copy é sempre sobre **benefícios**, e não sobre características. Em outras palavras, é a respeito do que o cliente ganha (conhecimento, segurança, tempo livre, lazer. etc) por comprar no momento da ação, e não uma descrição do que seu produto ou serviço oferece.

Características de um produto ou serviço serão sempre as mesmas. Então, as melhores condições para que consumidores fiéis e leads recém-gerados comprem naquele momento são o que a marca precisa enfatizar. É uma situação rara. Talvez até única. É o famoso "agora ou nunca"!

E como você gera essa compra imediata? Fazendo a buyer persona perceber os ganhos ou benefícios que ela vai ter.

Pense comigo: nosso cérebro está sempre querendo ganhar algo. Tempo, dinheiro, qualidade de vida, conhecimento, conforto e assim por diante. Por isso a copy tem que trazer um ganho muito forte para satisfazer necessidades humanas.

É claro que alguns segmentos precisam trabalhar a oferta com descrição de características do produto ou serviço. Por exemplo, no mercado imobiliário. Mas não são as características de um imóvel que vão ter o protagonismo numa ação de Copy. O que vai gerar os picos de vendas num curto prazo é explorar os benefícios de comprar um imóvel agora.

ESQUEÇA O QUE VOCÊ QUER

Copywriting é sempre sobre o outro, não sobre você.

Ah, Rafa, mas eu me dediquei tanto pra criar essa solução, é a que eu mais quero que venda...

Se a solução criada ainda não foi consumida pelas pessoas, você só vai conseguir ter os resultados que deseja se a tua marca tiver uma forte autoridade digital.

Caso contrário, deixe de lado o seu desejo e vá trabalhando estratégias para que a buyer persona confie cada vez mais em tudo o que você cria. No Capítulo 6, você saberÁ tudo sobre autoridade digital, então a Sua marca terá tudo o que precisa para chegar nesse patamar!

Eu digo que copywriting é sempre sobre o outro porque é a arte de **entender as dores e os desejos do público-alvo**. É um tema muito ligado a neuromarketing.

- Aonde o cliente quer chegar? A ação de copy precisa deixar evidente como a sua marca ajudará nisso.

- Quais são os desejos do cliente? A ação de copy deve mostrar como ele irá realizá-los agora mesmo.

O CASO EM QUE VOCÊ DEVE PENSAR NA SUA MARCA

Este capítulo é muito importante porque aqui você está lendo os conceitos gerais e conhecendo regras fundamentais sobre copywriting que precisam ser seguidas. Mas a verdade é que há momentos em que dá, sim, para quebrar algumas regras de copy.

Vou usar como exemplo o Hotel Colline de France, de Gramado (RS), cidade localizada a cerca de 2 horas de Porto Alegre, onde eu moro. Esse hotel já foi eleito pelos usuários do site Booking como o melhor do mundo.

Esse é um distintivo muito importante, que não pode ser ignorado numa ação de copy. Afinal, quantos hotéis na história podem dizer que foram escolhidos como O MELHOR em nível mundial?

Então o Hotel Colline de France poderia trabalhar uma copy para quem mora em Porto Alegre com a seguinte abordagem:

O melhor hotel do mundo está a 2 horas de você. Últimos quartos disponíveis.

A buyer persona vai bater o olho nesse anúncio e pensar: *Como assim o melhor hotel do mundo?*

A curiosidade vai levá-la ao site do hotel, onde vai ter a explicação de que foi escolhido como melhor hotel do mundo segundo usuários do Booking.

A regra quebrada nesse exemplo é que a ação de copy foca o hotel, e não as pessoas, nem os benefícios que elas terão por passaram uns dias por lá.

Mas, diz aí, quem não deseja viver uma experiência no melhor hotel do mundo? Essa é uma distinção tão importante para o Colline de France que acaba sendo **perfeita para criar uma copy muito vendedora**.

Então quando você tem uma grande distinção, como a conquista de um prêmio importantíssimo que a buyer persona conheça, é interessante trabalhar esses elementos na copy também.

Reforço: dê protagonismo à razão de a pessoa comprar naquele momento, usando o gatilho mental de urgência ou de escassez. Gatilhos mentais são importantíssimos — tão importantes que muita gente acha que copywriting é apenas isso. Então você lerá tudo sobre os gatilhos mentais mais efetivos a partir do Capítulo 13.

COPYWRITERS QUE SE DESTACAM GOSTAM DE ENTENDER AS PESSOAS

Como o copywriting está diretamente ligado à mente humana, sugiro desde já que você se aprofunde em neuromarketing para conhecer muito bem o comportamento humano para aplicar técnicas que façam sua marca ou cliente faturar mais.

Como você está aprendendo sobre copy lendo este livro, acredito que irá gostar de dicas de outros livros que podem te ajudar a entender melhor as pessoas. Uma dessas obras é o livro *Previsivelmente Irracional: As forças invisíveis que nos levam a tomar decisões erradas*, do autor Dan Ariely. Ele diz uma frase que eu amo:

> O COMPORTAMENTO DO SER HUMANO É ALTAMENTE PREVISÍVEL E INFLUENCIÁVEL.

Ou seja, se é influenciável, é função do copywriter entender os gatilhos que devem ser usados para influenciar. Por isso, muita gente conhece o termo "copywriter" como "gatilhos mentais", porque são recursos que fazem parte de uma boa estratégia de copy. Eles nos fazem agir.

NÃO EXISTE NEGÓCIO ESCALÁVEL SEM COPY

Copywriting é um dos fatores diretamente ligados a escalar negócios. Costumo dizer que não se escala um negócio no digital hoje sem o combo copy + tráfego pago.

Esse combo é o seguinte: uma oferta com uma copy bem segmentada para o público-alvo, com o objetivo de levar a buyer persona a comprar rapidamente da maneira mais conveniente + investimentos em anúncios para que a ação chegue ao público-alvo.

Essa fórmula é o que eu chamo de **Vendedores 24 horas**.

Uma coisa muito boa do digital é que você não escuta o "não" da audiência. Imagine se esse esforço fosse feito por vendedores indo pessoalmente de porta em porta oferecendo seu produto ou serviço. Eles ouviriam muitos nãos.

No entanto, quando você tem um anúncio rodando 24 horas durante todo o período da ação de copy, a sua marca está sendo vendida a todo momento para o público certo. Claro que você pode receber alguns comentários com dúvidas e objeções, mas é algo que você pode resolver rapidamente respondendo ou entrando em contato diretamente para solucionar o que puder ser resolvido.

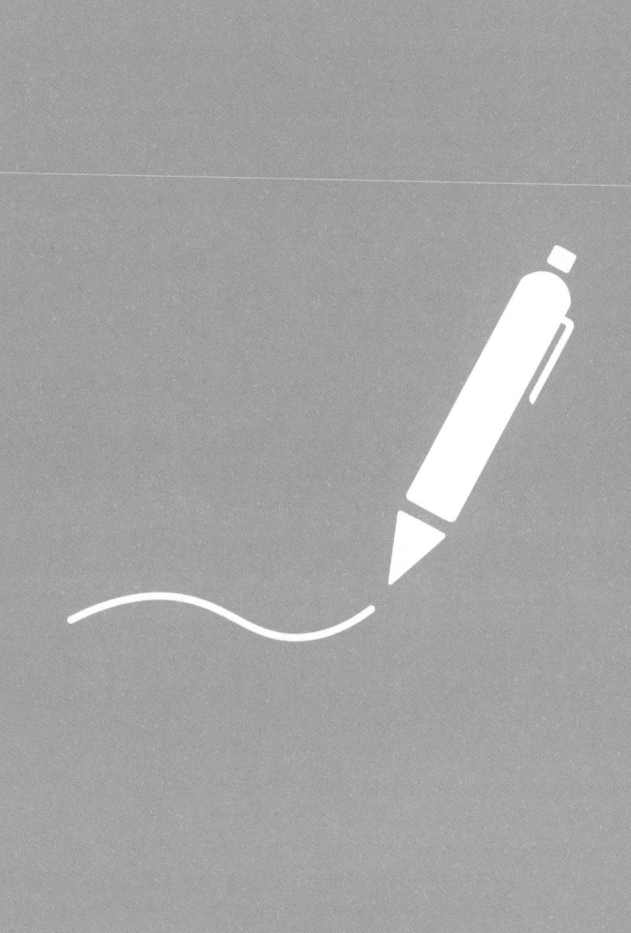

COMPARTILHE EM SEUS STORIES

NO DIGITAL AS PESSOAS NÃO SÃO. ELAS ESTÃO!

OU SEJA: VENDA QUANDO O CLIENTE ESTIVER ENGAJADO COM A SUA MARCA!

@TERRADORAFAEL

CAPÍTULO 2:
O MERCADO DE COPYWRITING

Vamos desbravar as possibilidades de atuação como copywriter — e olha que são muitas, viu?

O termo *copywriting* vem do inglês, criado na década de 1960, e diz respeito aos jornalistas contratados pelos jornais da época com o objetivo escrever não matérias, e sim anúncios. Eles eram contratados por terem uma **escrita mais persuasiva**, então faziam parte das redações tanto para também redigir anúncios publicitários.

Com o digital o conceito se modernizou, pois antes, direto no papel, consistia basicamente em veicular uma mensagem persuasiva e mensurar os resultados muito tempo depois. Por isso eu bato na tecla de que, para se destacar no mercado, você deve realizar um conjunto de ações de vendas com começo, meio e fim, para mensurar resultados em curto prazo.

De nada adianta fazer um monte de ações de copy sem foco e sem prazo para terminar. Assim você nunca vai conhecer os reais resultados de copywriting!

Por ser uma área ainda relativamente nova no Brasil, muitas empresas e agências ainda confundem as atribuições do copywriter. Muitas contratam um social media esperando que a pessoa faça copywriting, por exemplo. Ainda há um certo desconhecimento sobre o mercado e as atribuições desse profissional no digital.

Então é muito importante que você leve adiante a mensagem do que realmente faz um copywriter, até para você conquistar oportunidades de emprego e fechar negócios sempre com as expectativas bem alinhadas entre todas as partes.

COPYWRITING E TRÁFEGO PAGO: OS MELHORES AMIGOS

Duas profissões em alta no digital são copywriter e gestor de tráfego pago. Eu costumo dizer que ambos devem ser melhores amigos, pois não adianta ter uma boa estratégia de copy, usando os melhores gatilhos mentais, se ninguém estiver vendo a oferta. E o contrário também é verdade: não adianta contratar o melhor gestor de tráfego pago se a estratégia de copywriting é mal executada.

Olha que interessante: a valorização do copywriter está tão em alta que os salários podem girar entre R$ 5 mil e R$ 100 mil mensais. Eu vou te mostrar como é possível chegar a números tão elevados.

Um dos principais responsáveis por essa valorização é o *boom* dos infoprodutos. plataformas como Hotmart e Udemy democratizaram o acesso ao mercado, fazendo com que ficasse mais fácil construir infoprodutos (como cursos online) e gerenciar os lançamentos digitais, o relacionamento com os clientes e as comissões dos afiliados. É no ramo de infoprodutos quje estão os maiores ganhos, pois você pode condicionar a receita com base nos resultados das vendas do infoproduto.

Antes de explicar como atuar no mercado de copywriting, é muito importante que você tenha uma bagagem de conhecimento (e isso você está conquistando ao ler este livro) e também trabalhe na área.

Portfólio visual dos criativos de copy são importantes, mas o principal motivo para pessoas e empresas te contratarem por valores cada vez maiores são **os resultados que você conquistou** para as marcas com as quais trabalhou.

Portanto, é preciso ter um portfólio real baseado em resultados desde cedo.

5 MANEIRAS DE ATUAR COMO COPYWRITER

1) O FAMOSO CLT DENTRO DE EMPRESAS

Os principais contratantes CLTs atualmente são grandes empresas varejistas. Os e-commerces das marcas de varejo precisam sempre ter um olhar dos copywriters para que constantemente sejam criadas ações de vendas, então este é um segmento muito fértil para esse profissional.

Agências também oferecem muitas oportunidades, pois perceberam que só conteúdo não resolve, então a busca por copywriters para gerar mais conversão para os clientes é frequente.

Deixa eu te contar uma coisa: eu iniciei minha empresa, Fabulosa Ideia, há mais de 15 anos, quando ninguém estava produzindo conteúdo na internet. Naquela época era muito difícil prospectar clientes, porque ninguém acreditava em conteúdo. Hoje o jogo mudou, e todo mundo produz conteúdo.

O comportamento ainda dominante no marketing digital é de as empresas só fazerem conteúdo sem pensar em ações de conversão. Por isso digo: tem muito espaço para você, copywriter, se destacar!

Estou escrevendo este livro no primeiro semestre de 2023, e tenho consultado frequentemente a busca do LinkedIn para ter uma noção das vagas de copywriting. Tenho encontrado sempre entre 1.600 e 2.100 vagas, o que mostra que a média é alta e sempre surgem novas oportunidades.

À medida que os profissionais de comunicação e marketing se capacitam e entendem o poder do copywriting, a tendência é que cada vez mais esses setores contratem copywriters, principalmente por intermédio de agências.

E como estamos em um mundo pós-pandemia cada vez mais digital, muitas dessas vagas são remotas ou híbridas, o que torna ainda mais atrativo se tornar uma autoridade em copywriting para conquistar as melhores oportunidades nesse mercado, que está bombando!

2) COPYWRITER FREELANCER

É aquela pessoa que capta os próprios clientes e também está disponível para trabalhos fixos ou pontuais em agências ou diretamente para as empresas. Os freelancers se tornaram uma opção ainda mais viável para as marcas a partir da pandemia por conta do *boom* do trabalho remoto.

3) COPYWRITER CONSULTOR

Dentro das áreas de copy, esta é a que eu mais atuo hoje em dia. Presto consultorias da seguinte forma, dividida em três momentos:

1º momento: reunião para coletar o briefing. É quando entendo o que o meu cliente quer vender, quais problemas o produto ou serviço resolve (ou qual desejo ele realiza), o que está convertendo e o que não está convertendo, qual é o principal perfil dos clientes da marca e onde ele costuma trabalhar com copy (ou descubro se nunca trabalhou).

2º momento: após reunir todos os insights, peço entre duas semanas (no mínimo) e um mês para revisar toda a estrutura de copy do cliente, mapeando pontos positivos e negativos da marca. Nesse período, crio uma proposta de ação de copywriting com início, meio e fim.

3º momento: apresento tudo ao cliente, e então criamos em conjunto a ação definitiva, que deve ser executada preferencialmente com as durações que mencionei: um dia, uma semana ou duas semanas.

O trabalho como copywriter consultor rende bastante porque você não precisa ser um freelancer fixo nem funcionário CLT. Apesar de não ter vínculo fixo, você pode abrir portas para ser chamado todas as vezes que o cliente desejar realizar uma ação pontual de copywriting.

Dessa forma, pode lucrar muito com cada consultoria, e o contratante pode economizar por não ter um contrato recorrente com você.

4) COPYWRITER EMPRESÁRIO

Esta é uma das maiores oportunidades de atuação do momento! Se o sangue empreendedor corre em suas veias, invista em criar uma agência especializada em copywriting.

Ainda há espaço para agências dedicadas a copy, pois o que acontece é que agências de marketing e conteúdo até oferecem esse serviço, mas quase sempre não é o foco principal. E como você já sabe: copywriting exige foco!

E mais: grandes empresas preferem contratar agências megaespecializadas em vez de investir em agências 360º que fazem desde panfleto, passando por outdoor, até ações de copy.

É por isso que muitas vezes elas trabalham com uma agência de publicidade offline, outra para marketing digital, outra para copywriting e outra para tráfego pago — tudo bem diluído. E você pode aproveitar o espaço, que ainda existe aos montes.

Bora, que tem muitas oportunidades para ter sucesso empreendendo com copy!

5) COPYWRITER COPRODUTOR

Esta tem potencial para ser a mais lucrativa de todas, graças ao mercado de lançamentos digitais.

Imagine que você tem uma amiga psicóloga que fala sobre ansiedade e dá dicas conforme a abordagem da psicologia que ela trabalha. Os conteúdos são megabombados, mas ela nunca criou um infoproduto para ajudar os pacientes ou capacitar mais psicólogos.

Existe uma grande oportunidade para propor o seguinte a ela:

- Criar toda a estratégia de lançamento e as ações de começo, meio e fim de copywriting.

- Seu valor será variável conforme os resultados e você irá ganhar junto com ela.

Se você aplicar todas as técnicas que aprenderá até o fim do livro, sua amiga verá um grande resultado, possivelmente uma renda que ela nunca ganhou em um curto espaço de tempo, e vai seguir investindo para promover o infoproduto.

Por que as chances são grandes desse resultado? Porque você ofereceu esse serviço para alguém que organicamente já está se destacando, mas que nunca teve um infoproduto para oferecer. Nunca criou uma oferta para um público já engajado!

Mais do que isso: você se lembra do Vendedor 24 horas? É esse o ponto! A cada ação de copywriting para vender o infoproduto da psicóloga, você terá uma máquina de vendas com as melhores práticas de copywriting vendendo para você, de modo que será possível mensurar rapidamente os resultados.

As cifras elevadas que mencionei antes acontecem principalmente para quem atua como copywriter coprodutor. Nesse modelo, profissionais de copy assumem os riscos junto com quem "encabeça" os infoprodutos e, se executarem as ações de vendas com começo, meio e fim usando as melhores práticas, as chances de vender milhares (ou milhões) é muito grande.

É assim que surgem os grandes infoprodutores da web! Melhor ainda se você trabalhar com alguém que já tem uma audiência engajada, mas nunca criou o próprio infoproduto.

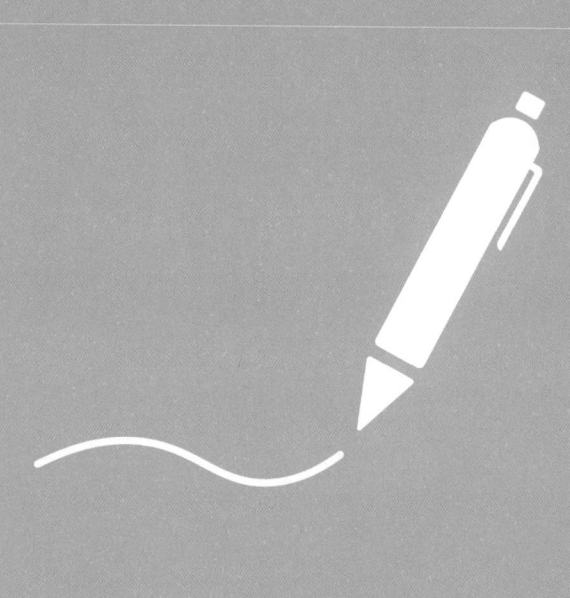

COMPARTILHE EM SEUS STORIES

TUDO ESTÁ CARO!

NÃO SEJA BARATO!

@TERRADORAFAEL

CAPÍTULO 3: REQUISITOS PARA COMEÇAR A ATUAR COMO COPYWRITER

Existe um tripé básico que é inegociável para trabalhar como copywriting. E se você estiver pensando que envolve gostar de escrever... bem, acertou!

1) LER, ESCREVER E ANALISAR

O primeiro requisito para atuar como copywriter é **gostar de escrever** da mesma forma como gosta de **ler e analisar**.

A escrita de copy também tem muito a ver com criação de roteiros, tanto para vídeo, como o para definir o próprio caminho de começo, meio e fim da ação. A própria fala é muito importante, pois você precisará vender seu próprio peixe se for empreendedor ou estiver concorrendo a uma vaga de trabalho, assim como o peixe de quem te contratar!

Lembra que copywriting tem tudo a ver com neuromarketing? Pois a análise é essencial para entender o comportamento das pessoas, assim como é fundamental analisar dados para entender os resultados de cada ação.

E pegue esta dica: fascine-se por analisar discursos! Isso é importantíssimo para se inspirar e expandir seu repertório rotineiramente.

- Sabe aquele e-mail que você abriu porque o título te fisgou? Guarde-o numa pasta!

- Sabe aquele vídeo no YouTube que você bateu o olho e decidiu assistir por causa do título e da capa? Isso é uma jogada de copy. Salve-o para ter como referência!

- Tem um amigo ou familiar muito convincente? Comece a analisar o que e como a pessoa fala. O mesmo vale para políticos, que costumam ser convincentes nos discursos. Mesmo que não goste de um político muito popular, comece a ouvi-lo para analisar o discurso e ver o que pode ser útil para suas estratégias de copy.

É fato: muito do que está ao nosso redor é copywriting.

Mesmo que não envolva necessariamente a venda, só o fato de **despertar a curiosidade** para abrir um e-mail, assistir a um vídeo no YouTube ou tomar algum tipo de ação que não envolva colocar a mão no bolso, tudo isso acontece porque algo que te convenceu a agir!

2) PESQUISE, PESQUISE, PESQUISE

Pegue gosto por pesquisar! Este hábito é um grande diferencial de quem se destaca como copywriter.

Não se desespere se receber um briefing para criar uma ação de copy sem conhecer bem o mercado em questão. Pesquise, faça perguntas, busque palavras-chave, vá atrás do que está ou não está dando certo para outros players do nicho no qual você está prestes a trabalhar.

A pesquisa é fundamental também para conhecer como pequenos detalhes podem fazer uma grande diferença. Por exemplo, você sabia que "rede social" não é o termo correto para se referir às plataformas como Facebook, Instagram, YouTube, TikTok etc.?

Rede social é o ato de se juntar com pessoas para socializar. É um comportamento de socialização em rede, bem ao pé da letra mesmo. O correto para se referir às plataformas é *mídia social*. Mas é fato que o termo "rede social" se popularizou para os sites e aplicativos.

Aqui vai a comprovação de que usar mídia social nos conteúdos chama mais atenção: o Google Trends, ferramenta que mostra histórico e tendências de pesquisas no Google, mostra que as pessoas pesquisam muito mais o termo "rede social" do que "mídia social".

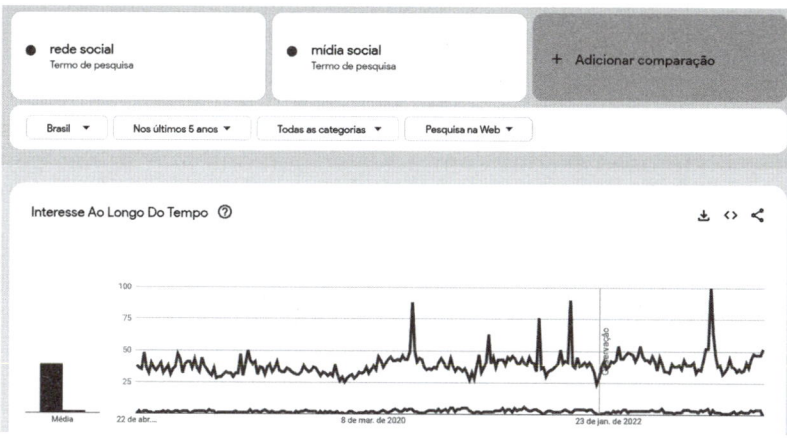

Então, imagine que você tenha que fazer uma ação de copy usando um desses termos. A expressão "rede social" é muito mais assertiva porque já tem um volume de buscas muito maior.

Pesquise em ferramentas, como o Google Trends e o próprio Google, o que é mais usual para o público. Ao longo do livro falarei sobre outras ferramentas, mas já tenha em mente que é, sim, muito importante saber como e onde pesquisar.

3) APAIXONE-SE POR NEUROCIÊNCIA

Goste de neurociência e de entender o comportamento humano. Copywriting é sobre comportamento, como nós, seres humanos, reagimos aos fatos, às ofertas de produtos e serviços, aos benefícios que uma boa copy nos oferece.

Uma das palavras que mais enriquecem a copy é *imagine*. Convidar a pessoa a imaginar algo é muito persuasivo. Por exemplo, imagine um cachorro caramelo. A reação natural e imediata do seu cérebro foi imaginar um cachorro caramelo, não é mesmo?

Numa ação de copywriting, é superefetivo convidar uma pessoa a imaginar como será a situação dela após a marca resolver um problema ou ajudá-la a conquistar um sonho.

É por isso que, em segmentos como arquitetura, fitness e moda, as marcas usam muito "antes e depois". As imagens são poderosas e convidam a buyer persona a imaginar que elas também podem solucionar seu problema ou realizar seu desejo. Isso tudo é copy com neurociência!

Eu sei que este requisito não é tão óbvio. Ou seja, poucos copywriters sabem, portanto é um grande diferencial.

4) ENTENDA DE NEGÓCIOS

É fato que copy boa não vende produto ou serviço ruim. Uma boa ação de copywriting passa também por analisar o que você vende. Caso contrário, o que vai acontecer é criar ou agravar uma crise por conta de uma solução ruim. Por isso, indico muito que você se qualifique nesse ponto, para colher grandes frutos com esse diferencial!

Além disso, é fundamental entender o **linguajar do negócio** da marca para a qual você vai criar uma ação de copywriting. Tenha um olhar amplo para entender toda a esteira de produto da marca.

Como assim esteira de produto, Rafa?

Vou usar como exemplo a minha esteira de produto. Segue o fio:

1. Este livro, assim como meus livros anteriores, Instagram Marketing e *Autoridade Digital*, são os produtos financeiramente mais acessíveis. São os mais fáceis de vender para um grande número de pessoas.

2. Depois, com o sucesso das vendas de cada livro, eu ofereço um curso específico sobre cada um dos temas. Se você comprou este livro na pré-venda e está me acompanhando nas redes sociais, certamente irá tirar mais proveito dessa explicação, pois me vê executar, agora

mesmo, a estratégia de atrelar esse material com a venda do produto seguinte na minha esteira, que é um curso ou evento sobre copywriting (ou ambos).

3. Por fim, no meu caso, o que eu vendo com **maior valor agregado** são consultorias e mentorias, produtos premium do meu portfólio.

É muito importante saber em qual momento da **jornada do cliente** o público-alvo da ação está, pois a oferta precisa estar de acordo.

Você não compraria direto uma mentoria minha se não tivesse uma boa referência sobre o meu trabalho, não é verdade? Então, mesmo que eu fizesse a melhor ação de copy, eu nunca conseguiria vender meu produto mais premium logo de cara para quem não me conhece.

Portanto, pense nisso a cada novo cliente e a cada novo produto ou serviço para o qual você for realizar uma ação de copywriting.

5) ACOMPANHE O MERCADO

Acompanhe diariamente o que está acontecendo no mercado. Isso vale tanto para o mercado de marketing e, obviamente, copywriting, como também para o ramo de atuação das marcas com as quais você trabalha.

É importante saber o que está dando certo em termos de meios e formatos para saber como adequar a copy a cada um.

Se você trabalha somente com blog, por exemplo, e não acompanha as constantes mudanças das redes sociais, não vai conseguir desenvolver uma ação de vendas efetiva porque sua abordagem não estará 100% de acordo com o contexto em que os usuários vão receber seus conteúdos e anúncios.

6) SALVE O QUE TE INSPIRA

Se você está chegando agora ao mundo do marketing digital, saiba disto: a inspiração não surge do nada. Ela surge do que você vê, lê, ouve... de um repertório que é só seu!

Organize-se para salvar rapidamente todas as referências de copy que chamarem a sua atenção. Vá guardando tudo o que for relevante para o seu nicho e de marcas que te inspiram.

Recomendo que você tenha três pastas de inspiração:

- No seu e-mail, pois e-mail é uma das formas mais interessantes de trabalhar copywriting.

- No Instagram, para você organizar todos os posts que salvar.

- E uma conversa sua consigo mesmo no WhatsApp ou no Telegram, na qual você vá salvando prints, vídeos, frases que te chamem a atenção na web.

No caso da pasta do e-mail, por exemplo, é bem efetivo ter esse ambiente para guardar mensagens, porque você pode estar precisando trabalhar uma copy com gatilho mental de imediatismo.

Então, você entra no seu e-mail e digita "Está acabando", "Últimas horas", "Restam 2 vagas" e assim encontra facilmente mensagens semelhantes que você guardou e que serão úteis para a copy que você precisa criar no momento.

Criando um repertório de inspirações, você facilita o seu processo de criar algo único. Se você não está conseguindo se inspirar, é sinal que você não está consumindo produtos culturais e midiáticos o suficiente.

Um livro muito bacana que eu deixo como dica é o *Roube Como um Artista*, de Austin Kleon. Ele é bem curtinho e mostra como as criações não nascem do nada, e sim das nossas fontes de inspiração.

Jamais copie e, sim, se inspire, certo?

7) SAIBA LIDAR COM PRESSÃO

Não estou aqui para glamourizar síndrome de burnout nem nada do tipo. A questão de lidar com pressão é porque cada ação de copywriting se trata de um período curto, com começo, meio e fim. Então pode acontecer de você precisar melhorar a estratégia rapidamente para atingir seus objetivos.

Desapegue: é preciso se desprender de algumas crenças conforme percebe que o resultado não está sendo como o esperado. Além disso, é importante não se sentir paralisado pela ansiedade, algo comum de acontecer por conta do curto prazo.

É claro que só a copy não será responsável pelo sucesso ou pelo fracasso da ação, pois ela depende de tráfego pago, da autoridade digital da marca. E, principalmente, não se esqueça do que falei antes: boas ações de copy não vendem produtos ou serviços ruins.

8) SAIBA LIDAR COM PESSOAS

Este ponto é delicado e tem tudo a ver com a dica anterior. Tem que saber lidar e argumentar com quem te contrata, com quem faz o tráfego pago, com designers que criam as peças gráficas e videomakers que criam os vídeos.

Se você tiver boas noções de design, de tráfego pago, de edição de vídeos, isso pode ser muito importante. Então, se fizer cursos especializados para entender essas áreas, com certeza valerá o investimento, mesmo que você não vá executar esses trabalhos.

9) PORTFÓLIO + NETWORKING

Tenha um portfólio focado em resultados concretos e cultive um ótimo networking. Afinal, copy é sobre autoridade digital e resultados.

Agregue ao seu portfólio depoimentos de quem contou com seus serviços de copy. Isso mostra que você tem um ótimo networking. Pessoas falando sobre você também é uma forma de validar que você sabe o que está fazendo. A validação sempre vem pelo outro!

Invista em fazer o seu próprio site, a sua própria página de vendas e coloque depoimentos reais. Isso é muito importante!

10) TENHA COMPUTADOR PRÓPRIO COM INTERNET

Pode parecer óbvio, mas é preciso reforçar isso, pois nem tudo é viável fazer pelo celular. Há plataformas e recursos úteis para uma boa copy que vão funcionar melhor no computador.

Além disso, ter um notebook te possibilita trabalhar de qualquer lugar, e essa liberdade geográfica pode fazer uma grande diferença, dependendo da forma como você vai se posicionar no mercado.

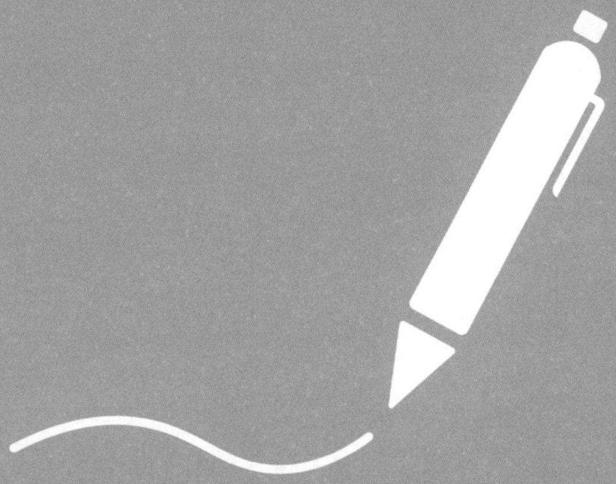

COMPARTILHE EM SEUS STORIES

O MUNDO NOS DEVOLVE O RETORNO DAS NOSSAS PALAVRAS E AÇÕES!

COPYWRITING É SOBRE ISSO!

@TERRADORAFAEL

CAPÍTULO 4: 6 RAZÕES PARA APOSTAR NA PROFISSÃO DE COPYWRITER

Pensou que os bons motivos para ser copywriter se limitavam às oportunidades de trabalho e às chances reais de faturar um bom dinheiro? Pois a verdade é que não é só isso!

Veja a seguir 6 razões para apostar na profissão de Copywriter que vão muito além do dinheiro.

1) APROVEITE: AS GRANDES EMPRESAS ESTÃO ACORDANDO PARA O COPYWRITING

Grandes empresas investem muito em conteúdo atualmente. Mas só conteúdo não resolve!

Todo negócio hoje é uma empresa de mídia. Para engajar, é preciso conteúdo, pois publicidade não engaja pessoas. Isso as empresas de todos os portes já entenderam e, por esse motivo, produzem muito conteúdo.

No entanto, como há muita concorrência por conta desse grande volume de conteúdo produzido todos os dias na web e enviado por e-mail, **a disputa pela atenção é muito mais acirrada**. Nas redes sociais, isso também ocasiona uma queda natural do alcance orgânico das publicações.

O Facebook é o grande exemplo da queda do alcance orgânico. Por volta de 2010, quando ele realmente começou a bombar no Brasil, o alcance orgânico era maravilhoso! Qualquer interação da sua rede de amigos fazia com que as páginas aparecessem. Era quase como se uma curtida fosse equivalente a um compartilhamento.

Mas não vamos nos apegar ao saudosismo porque hoje existem muito mais oportunidades, e a copy viabiliza muitas delas! Atualmente a média de alcance orgânico no Facebook é de 1%. Ou seja, se a sua página tem 15 mil seguidores, em média seu conteúdo chegará a 150 pessoas. Como prosperar no Facebook só dependendo do alcance orgânico? Fica difícil, não é mesmo?

Isso nos mostra que somente produzir conteúdo sem estratégia vendedora nem investimento em anúncios não funciona. **É preciso unir o melhor de copywriting e do tráfego pago**.

Eu costumo dizer que o melhor cenário para as marcas é quando o conteúdo delas dá match com as ofertas. Por isso, indico que pessoas e empresas façam um planejamento quinzenal de conteúdo para as redes sociais conectado ao movimento de vendas.

- O que você quer vender mais nesses 15 dias?

- O que você deseja que seus seguidores e clientes fiquem sabendo a cada quinzena?

Digamos que você vende um copo estiloso que também serve como coqueteleira, ideal para fazer tanto um shake para quem faz academia como também para fazer drinks incríveis. Nesse exemplo, o que as marcas sem estratégia de copywriting fazem? Mostram o produto, exibem o preço e usam uma chamada para ação clichê como "compre agora". Isso não converte!

Usando o mesmo exemplo, veja como seria uma estratégia de conteúdo que dá match com a oferta, usando as melhores práticas de copywriting:

- Chamada do conteúdo: 5 dicas de drinks refrescantes para o verão.

- As fotos dos drinks citados mostram as bebidas servidas no copo que a marca vende. Assim você mostra a versatilidade do produto.

- Ao final do conteúdo, a chamada para ação informa um benefício. Por exemplo: *Compre o copo X com 20% até amanhã.*

O match entre conteúdo e oferta é o que faz a marca vender de modo consistente por um longo período. E isso vem de copywriting! Portanto, use esse argumento principalmente com marcas que já produzem conteúdo, mas não trabalham copy.

2) APRENDER A VENDER GERA GANHOS PESSOAIS E PROFISSIONAIS

Quem convence mais vende mais.

Nós só crescemos na nossa vida pessoal e profissional quando aprendemos a vender. Aqui não me refiro só a vender produtos, e sim nossas ideias e nossa própria imagem.

Em uma reunião, por exemplo, se você não tem uma postura vendedora, persuasiva, enfrentará grandes dificuldades para conquistar um aumento, um novo cargo, um novo emprego, um novo aporte financeiro...

As pessoas gostam de ver o brilho nos olhos de quem é persuasivo. Melhor ainda se você tem resultados comprovados para apresentar às pessoas que querem te contratar, seja como CLT ou freelancer, assinar um contrato com a sua empresa ou até mesmo decidir fazer um aporte financeiro no seu negócio.

Conhecer e aplicar técnicas de copywriting para ser uma pessoa com conteúdo persuasivo gera ganhos em todas as áreas da sua vida! Vale para tudo!

3) VOCÊ APRENDE A ALIMENTAR O FUNIL DE VENDAS

O copywriting é o pai do funil de vendas. Você só terá clientes no final de uma jornada de compra se, no início, tiver muitos visitantes. É uma lógica que se afunila:

COPYWRITING NA PRÁTICA

Dos muitos visitantes que entraram no seu site

Muitos visitantes vão virar leads

Alguns vão ter objeções

Outros vão considerar

E, em média, 4% vai comprar

A copy não está somente no topo do funil. Ela está em todos os momentos da jornada do consumidor. Veja como funciona em cada etapa:

Topo do funil: copy com objetivo de atrair visitantes.

Leads: copy para construir um relacionamento sólido por e-mail marketing.

Leads com dúvidas e objeções: copy de convencimento focada no contexto do WhatsApp, canal no qual as pessoas preferem conversar para sanar dúvidas rapidamente.

Leads considerando comprar: aqui entram as abordagens com os gatilhos mentais mais "agressivos" no sentido de gerar sentimentos de urgência e escassez. Tem que comprar hoje para garantir o benefício!

Portanto, não existe funil de vendas bem-sucedido sem aplicar técnicas de copywriting!

4) VOCÊ CONHECE NOVAS POSSIBILIDADES DE NEGÓCIOS

O número de empreendedores digitais cresce absurdamente a cada ano no Brasil. Essa é a realidade!

Eu mesmo, que venho de um passado sendo dono da agência Fabulosa Ideia, passei a ministrar aulas e cursos presencialmente, mas nos últimos anos meu foco é principalmente o digital, porque é a forma mais efetiva de exponencializar resultados.

Imagine que antes eu ministrava somente aulas numa faculdade para 20 pessoas, enquanto agora posso ministrar ao vivo ou gravar as aulas e ser visto por centenas, talvez milhares, de pessoas.

Sou um exemplo de profissional que tem o digital como base para otimizar resultados e chegar a mais pessoas, mas mesmo assim mantenho eventos e atendimentos presenciais. Agora imagine que tem muita gente que faz tudo 100% digital!

É aí que entra a boa copy, pois sem ela não tem como convencer ninguém a acessar o que está sendo oferecido digitalmente.

5) VOCÊ ATUA COM FOCO NAS 3 LIBERDADES

Copywriting se dá a partir das 3 liberdades, que são:

- **Liberdade de tempo:** na maioria das vezes, o copywriter vai ter um prazo para fazer suas entregas, mas não precisa necessariamente fazê-las em horário comercial.

- **Liberdade geográfica:** podemos estar em qualquer lugar do mundo, o que nos permite atender pessoas e empresas de qualquer lugar do mundo.

- **Liberdade financeira:** como mencionei no capítulo anterior, muitas formas de atuar no mercado de copywriting são altamente rentáveis.

Nesse sentido das 3 liberdades é que o mundo viu o crescimento dos nômades digitais. São pessoas que trabalham de qualquer lugar do mundo tendo um bom notebook e uma boa conexão de internet. Essa atuação muitas vezes envolve infoprodutos, que você já sabe que é um campo perfeito para o copywriter trabalhar.

Eu indico para você o livro *Nômade Digital: Um guia para você viver e trabalhar como e onde quiser*, do escritor Matheus de Souza, um brasileiro que figurou entre os principais LinkedIn Top Voices da primeira edição, em 2016.

Ele vive de conteúdo e copy, conta suas experiências nas redes sociais, e no livro também faz isso com um viés bem prático, que serve como um guia para quem tem interesse em viver as 3 liberdades.

Eu particularmente gosto muito de viajar, mas mantenho minhas raízes no meu próprio lar, então não tenho o perfil de nômade digital, mas indico o livro mesmo que você também não o tenha.

6) AJUDA VOCÊ A IDENTIFICAR O QUE NÃO É COPY

O mercado de marketing digital busca cada vez mais copywriters de excelência. Ao mesmo tempo, esse ramo ainda desconhece muitas áreas de atuação, e copywriting é uma delas.

O que eu quero dizer com isso é que muitas empresas misturam as coisas, contratando profissionais com expertise e querendo que também façam outras tarefas indiretamente relacionadas.

Tem muita agência que contrata social media com a expectativa de que a pessoa também seja copywriter e gestora de tráfego pago, por exemplo. Por não entenderem bem o que um copywriter faz e misturarem várias atividades, as entregas ficam capengas.

Pense comigo: se a agência não sabe exatamente o que um copywriter faz, como ela vai conseguir entregar resultados de copy?

Então se qualificar em copywriting, o que você já está fazendo, vai te ajudar a identificar o que não é copywriting. Assim, você tem segurança para mostrar às empresas: "isso aí não é copy, é outra coisa".

Siga comigo, que eu vou te mostrar como se trabalha com copy!

COMPARTILHE EM SEUS STORIES

NÃO SEJA UMA PESSOA FOGO DE PALHA: AQUELA QUE TUDO QUER, MUITO FALA E NADA FAZ!

BORA FAZER!

@TERRADORAFAEL

CAPÍTULO 5: PLANEJAMENTO DE COPYWRITING

Eu costumo dizer que a gente só conquista algo relevante na vida com planejamento. Quem não se planeja vive como a famosa frase de *Alice no País das Maravilhas*: "Se você não sabe aonde quer ir, qualquer caminho serve".

Com copy, você tem que saber aonde quer ir, tanto na carreira, como para as marcas que atender.

São dois tipos de planejamento de Copy que você precisa conhecer.

PLANEJAMENTO DE COPYWRITING SIMPLIFICADO

São apenas três pilares:

1º pilar: oferta (produto ou serviço).

2º pilar: realizar um desejo ou sanar uma dor da buyer persona (cliente ideal).

3º pilar: estratégia que dê match entre a oferta e a persona.

O modelo simplificado é a essência de toda e qualquer copy. Ou seja, são pilares inegociáveis. Não ter isso significa não ter bons resultados.

Agora, para a sua ação de copy realmente ir a um novo nível, é importante ter em mente o planejamento a seguir.

PLANEJAMENTO DE COPYWRITING AVANÇADO

É dividido em 12 pilares.

1º pilar: entender o nível de autoridade digital da marca.

Antes de fazer qualquer ação na web, a marca precisa se consolidar como uma autoridade digital. O motivo é simples: **ninguém compra de marca mal falada ou desconhecida.**

Portanto, é preciso arrumar o terreno antes de querer vender. Eu sempre digo que branding digital vem antes do marketing digital. Porque branding é sobre percepção de marca.

É bem importante que você como copywriter tenha um olhar apurado para isso, pois a percepção das pessoas sobre a marca é essencial para o sucesso das ações.

Imagine que você recebe uma proposta para trabalhar para uma marca pouco conhecida, que nem tem site e que está almejando gerar milhares de conversões pela internet. Não dá né?

Claro que você não precisa deixar de trabalhar para a marca, mas o foco do trabalho será construir a autoridade digital, fixar na mente e no coração da buyer persona que a empresa é confiável e vende boas soluções. Entende?

Embora eu tenha escrito um livro só sobre autoridade digital, já no próximo capítulo eu trago esse assunto focado em copywriting. Ou seja, você vai aprender a fazer ações de copy com o objetivo de aumentar a autoridade digital! Mas, claro, se você quiser se aprofundar ainda mais no assunto, sugiro que leia meu livro *Autoridade Digital* (e me conte no Instagram o que achou!).

2º pilar: conhecer bem a buyer persona.

É preciso olhar para as dores e os desejos de quem já é cliente para fazer uma boa estratégia de copywriting. Não tem como vender algo se você não souber se alguém do outro lado da tela quer comprar o que está sendo ofertado.

Uma copy exemplar é capaz de matar as objeções da buyer persona. Objeções são pedrinhas, obstáculos, dúvidas que mesmo quem já compra da marca pode ter sobre o produto ou serviço.

Por que eu chamei de exemplar?

Porque a copy já vem com **argumentos que acabam com essas objeções**, como se fosse um antídoto, uma vacina. Assim, o cliente fica seguro para comprar. Copywriting é sobre deixar o cliente seguro de que está fazendo uma compra que vale o investimento.

3º pilar: ter uma Big Idea.

É preciso criar uma promessa forte para que a pessoa compre no momento que a sua marca deseja. Isso é o que eu chamo de **Big Idea**. E sim, obviamente, o produto ou serviço precisa entregar o que promete.

4º pilar: conhecer os melhores momentos para a ação.

Escolha um bom período para fazer uma ação de copy. Olhe para o calendário brasileiro, identifique feriados, datas festivas e ocasiões especiais para ações de varejo, como Black Friday, Cyber Monday e Dia do Consumidor.

5º pilar: usar os melhores gatilhos mentais.

Conhecer os gatilhos mentais e saber como e quando usar cada um é uma regra de ouro. Você não usará todos numa única ação, mas é preciso ter um bom repertório (e você terá até o fim do livro) para fazer a melhor escolha conforme o contexto e os objetivos de cada marca.

6º pilar: ter uma página de vendas.

Produto ou serviço precisa ser vendido **numa página específica**.

Anote isto: você não vai vender algo jogando a pessoa na página inicial do site. Nem se levá-la a uma página genérica que exija que ela vasculhe para saber qual o próximo passo.

Se você jogar o usuário para um ambiente com 1 milhão de possibilidades, ele vai ficar confuso sem saber o que fazer. A página de vendas precisa direcionar o olhar da pessoa certa para o que ela precisa fazer naquele momento.

7º pilar: trabalhar com e-mail marketing.

O e-mail continua sendo uma ferramenta com maior taxa de retorno sobre investimento (ROI) e tem um aspecto que passa mais seriedade. Quem não começa o dia de trabalho lendo e-mails?

Saiba que não investir em e-mail marketing durante uma ação de copywriting é um erro terrível.

8º pilar: pensar bem os criativos (artes) e a estratégia de anúncios.

Mesmo que você não seja responsável por fazer essa parte do trabalho, é preciso conhecer as melhores práticas.

Afinal, se a arte não valorizar o seu trabalho de copy, ou se os anúncios estiverem segmentados para um público nada a ver com o que está sendo vendido, pouca gente vai ver e se interessar na oferta. Por consequência, quase ninguém vai comprar!

9º pilar: criar conteúdo de reciprocidade.

Reciprocidade é simples: quanto mais você entrega, mais recebe. É aqui que entra o marketing de conteúdo. Lembrando que marketing de conteúdo não é copywriting, mas o copywriting depende de marketing de conteúdo.

10º pilar: estruturar sua copy de relacionamento.

A pessoa está lá na sua página de vendas prestes a comprar, mas ficou com dúvida. Ela vai querer uma resposta rápida para decidir se compra naquele momento. Então, o que ela vai querer fazer? Clicar num botão para falar diretamente pelo WhatsApp com uma equipe de atendimento.

Além de ter uma estrutura que direcione a pessoa para um atendimento ágil, a copy de relacionamento também envolve uma série de táticas de Marketing, como programas de fidelidade e de indicação.

11º pilar: usar alavancadores de resultados.

Acabou a ação de copy? "Esprema" mais um pouco, pois ainda é possível converter mais alguns clientes.

12º pilar: mensurar resultados corretamente.

A mensuração dos resultados da ação de copy vai muito além do número de vendas, pois deve ser um relatório bem completo que encante a marca que a realizou.

Neste capítulo você leu apenas pinceladas desses pilares. É sério. Você vai perceber que o planejamento avançado permeia todo o livro. Não estranhe se eventualmente parecer que o assunto é repetitivo. É porque muito está interligado, pois, como falei antes: *Copy não é apenas sobre escrever. Copy é sobre estratégia!*

COMPARTILHE EM SEUS STORIES

PROMESSAS FRACAS = VENDAS FRACAS!

PROMESSAS FORTES = VENDAS FORTES!

MAS É CLARO: O SEU PRODUTO OU SERVIÇO TEM DE ESTAR NO NÍVEL DA SUA PROMESSA!

DO CONTRÁRIO = DECEPÇÃO

@TERRADORAFAEL

CAPÍTULO 6: COPYWRITING PARA AUMENTAR AUTORIDADE DIGITAL DA MARCA

Agora que a gente já aqueceu bem o cérebro, prepare a caneta ou o celular para anotar e *bora* iniciar a jornada do planejamento de copywriting!

Como eu falei antes, autoridade digital parte sempre do olhar do outro, de como as pessoas percebem a marca.

Mas existem estratégias que podemos usar para **guiar o olhar do outro aos nossos objetivos**. O primeiro objetivo deve ser construir uma marca que seja percebida como autoridade no seu ramo de atuação. Isso facilita muito para aumentar as vendas e construir um negócio rentável e com vida longa.

Avaliação é o caminho mais eficiente para aumentar a autoridade digital.

Pense em como o AirBnb funciona. Por mais lindo e barato que seja a hospedagem que você esteja olhando, você vai querer saber o que outros viajantes dizem sobre aquele lugar. Não é assim?

Uma coisa é o proprietário dizer que o lugar é magnífico, seguro e bem localizado. Outra coisa é quem já alugou o espaço dizer se a experiência foi realmente boa como o proprietário tenta vender.

Isso serve para as marcas também. Não adianta a marca se dizer inovadora, exclusiva, confiável. Quem tem que dizer isso são os clientes. O feedback é uma das maiores métricas. Autoridade digital é sobre confiança, e confiança vem do outro. Por isso é importante trabalhar copy com depoimentos.

Ninguém gosta de tomar um remédio que ninguém tomou nem garante que foi capaz de curar uma doença. Esse comportamento de manada no marketing digital é muito importante, e você pode deixar bem evidente que há um movimento de pessoas comprando, comprando e comprando a solução que está sendo ofertada.

Outro ponto importante para a autoridade digital é número. Número de seguidores e de postagens, principalmente. Ter muitos seguidores não é questão de ego, e sim de impacto. Quanto mais pessoas reais te seguem, mais impacto você gera. Impactando mais pessoas, você vende mais!

Não, não saia comprando seguidores para inflar artificialmente, pois lembre-se do que acabei de falar: confiança vem do outro. Se você comprar seguidores, ninguém irá falar verdadeiramente bem da sua marca. E pior: provavelmente ninguém vai se engajar, porque a maioria dos perfis são robôs, que estão ali só pra fazer número mesmo.

Eu costumo ouvir uma frase quando inicio uma mentoria: *Minha solução é melhor que a do meu concorrente, mas ele vende mais porque bomba nas redes sociais.*

E sempre respondo:

Então bora bombar as suas redes sociais também!

De novo: a sua percepção sobre a própria marca e as suas próprias conquistas não significam nada se o público não perceber da mesma forma.

Diplomas, distinções, prêmios, títulos... tudo isso continua sendo muito importante. Até porque sem qualificação ninguém vai a lugar algum, Mas não é efetivo só ter esses reconhecimentos pendurados na parede da empresa sem que o público-alvo conheça suas conquistas e perceba o valor delas.

O jogo da autoridade é fazer com que o cliente tenha desejo de consumir de uma marca genuinamente grandiosa porque confia nela.

Tem uma frase que eu gosto muito que diz:

A MELHOR PUBLICIDADE É A VITÓRIA.

E é verdade. As pessoas gostam de estar próximas de quem é vitorioso. O mesmo vale para marcas, pois as pessoas também se comunicam com base naquilo que compram, vestem, dirigem, consomem de alguma forma.

Pense o seguinte: por que uma pessoa que pratica esportes de maneira amadora, uma vez por semana, compraria o tênis mais caro e com o melhor design para a prática esportiva?

Eu te explico: O que faz ela ter desejo de comprar um produto premium é a confiança que ela nutre por uma **marca vitoriosa**, pois também quer **se sentir parte das vitórias**.

A seguir apresento um resumo do conceito de autoridade digital e alguns insights para você visualizar melhor e conseguir colocar a mão na massa. Mas, antes, tem uma passagem do Mario Quintana que eu adoro e supercombina autoridade digital e copywriting:

O SEGREDO É NÃO CORRER ATRÁS DAS BORBOLETAS...

É CUIDAR DO JARDIM PARA QUE ELAS VENHAM ATÉ VOCÊ.

NO FINAL DAS CONTAS, VOCÊ VAI ACHAR NÃO QUEM VOCÊ ESTAVA PROCURANDO, MAS QUEM ESTAVA PROCURANDO POR VOCÊ.

Cuidar do jardim é trabalhar o branding digital, é construir uma empresa com boa reputação. É ser reconhecida como autoridade digital no seu ramo de atuação. É ter um site bem ranqueado no Google, ser encontrada nas redes sociais e ter perfis ativos que produzem conteúdo relevante para a buyer persona.

Tudo isso é o seu jardim na web!

E olha onde o copywriting se encaixa nessa passagem: você vai achar quem estava procurando por você. É sobre usar as palavras certas e os formatos certos para chegar às pessoas certas!

Então a combinação de autoridade digital + copywriting é essencial para ações de copy realmente vendedoras, pois você conquista a confiança das pessoas (autoridade digital) e cria um caminho que facilite que as pessoas venham e comprem da sua marca (copywriting).

Portanto, **não queime seu filme** iniciando uma ação de copywriting com quem não é autoridade. Primeiro, ajude a marca a ser reconhecida como uma autoridade digital. Depois, sim, pense em vender.

30 ESTRATÉGIAS PARA AUMENTAR A AUTORIDADE DIGITAL DE UMA MARCA

1) APROXIME-SE DE MARCAS CONHECIDAS

Vou me usar como exemplo para depois explicar como você pode fazer também.

Eu, Rafael Terra, já ministrei aulas na USP, na ESPM, na PUC-RS, na FIA. Então muitas pessoas me conhecem porque tiveram aulas comigo em instituições de ensino prestigiadas como essas. Outras conhecem apenas as instituições e confiam nessas marcas.

Se elas confiam no corpo docente dessas universidades, elas automaticamente confiam em mim quando descobrem que eu lecionei lá. Simples assim.

Se você tem uma agência ou vai trabalhar como freelancer, considere o seguinte: o seu público-alvo pode ainda não te conhecer, mas ele certamente conhece o Google, o Facebook e outras ferramentas de marketing digital populares no mercado.

O que fazer?

Conquiste certificações dessas empresas, pois é uma forma de você se aproximar dessas marcas confiáveis. Depois, coloque no site da sua agência ou no seu portfólio que você é certificado pelo Google, pelo Facebook etc.

Se você tem as certificações, as pessoas percebem que essas empresas atestam o seu trabalho, entende? Essa é uma estratégia muito efetiva para aumentar a autoridade digital!

E aqui uma dica que vale para marcas pessoais e empresariais de todos os segmentos: invista em produção de conteúdo com parcerias estratégicas, como marcas e influenciadores com boas reputações.

Assim, você conquista novos olhares de pessoas que estão vendo a sua marca próxima de quem tem a confiança dessa nova audiência!

2) STORYTELLING: CONTE A SUA TRAJETÓRIA

Mostre como você chegou aonde chegou. Nós, seres humanos, amamos uma boa história! Então, invista em storytelling.

Um conceito que eu superindico para você conhecer na caminhada para se tornar copywriter de sucesso é a jornada do herói, criado pelo escritor Joseph Campbell. O livro *A Jornada do Herói: Joseph Campbell, Sua Vida e Obra* é uma excelente fonte para conhecer em detalhes o conceito, mas é basicamente a estrutura presente em qualquer filme marcante que tem um herói como protagonista.

Esse conceito diz respeito a contar uma história em que, no começo, a pessoa passa por dificuldades que a fazem desenvolver novas habilidades. Normalmente um problema (vilão) surge, exigindo que a pessoa supere mais desafios até conquistar um grande objetivo e se tornar um herói ou uma heroína.

Pense nessa estrutura para construir seu storytelling.

3) OPINE COM ESTRATÉGIA

Quem fala de tudo não fala de nada. Quando falamos sobre autoridade digital, especialmente para marcas pessoais, muita gente comete o erro de achar que é proibido opinar. Não! Pelo contrário, é muito efetivo.

O pulo do gato está em opinar com estratégia: **opine sobre questões do seu nicho.**

Quando a marca fala sobre coisas do seu nicho, pessoas do mercado começam a notá-la. Isso é diferente do que simplesmente falar sobre qualquer coisa que acontece no mundo, ou compartilhar notícias aleatórias do seu ramo, pois, com estratégia, você gera valor ao compartilhar a sua opinião, contribuindo para que a conversa avance.

Dica de ouro: opine principalmente em vídeos de Reels, TikTok e YouTube Shorts.

Lembre-se: as pessoas amam compartilhar aquilo que elas não tiveram coragem de falar. Seu conteúdo vai mais longe quando a buyer persona se identifica e pensa que a marca falou por ela.

4) MOSTRE OS SEUS RESULTADOS

Não custa reforçar: resultados geram confiança em copywriting.

5) INVISTA EM CONTEÚDO DE RECIPROCIDADE

Quando produz conteúdo útil para a buyer persona, você dá a ela a sua expertise.

Em conteúdos para as blogs e redes sociais, isso significa compartilhar algo do seu mercado como se fosse uma receita gastronômica. Pense no que serve como ingredientes e transforme em um passo a passo para que a buyer persona faça um "prato maravilhoso" e viva uma transformação — mesmo que pequena —, que só foi possível porque você gerou valor a ela e explicou como fazer.

@terradorafael

Compartilhe um modelo que você usa no seu dia a dia e é capaz de validar os resultados. Um post que bombou muito no meu Instagram foi um em que compartilhei "70 Formas de Usar o Instagram". Foram mais de 171 mil pessoas alcançadas, 4 mil compartilhamentos e mais de 7 mil salvamentos! Confira:

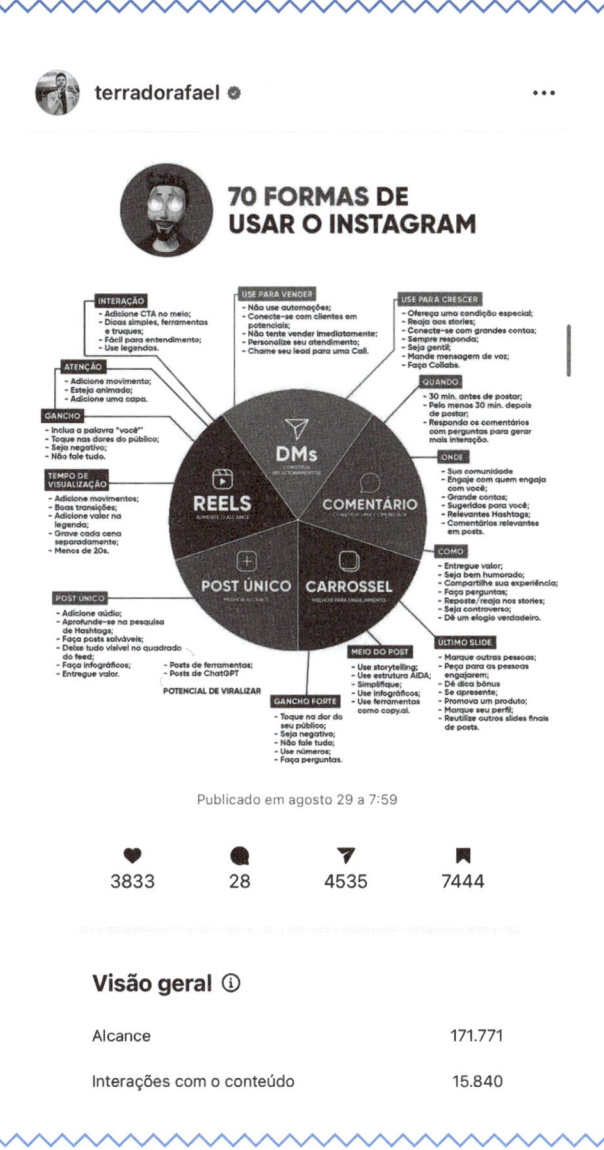

As pessoas amam salvar algo prontinho para elas replicarem. Salvar é uma das métricas mais importantes e que mais ajudam a fortalecer autoridade, pois isso indica que elas confiam no conteúdo.

6) ANTECIPAÇÃO E CONQUISTA: MOSTRE COMO VOCÊ CONQUISTARÁ ALGO

Eu chamo de antecipação e conquista os conteúdos que mostram **o que está sendo feito para chegar a um objetivo**.

Vamos supor que você vai realizar um evento presencial e tem como objetivo lotar um espaço com 1.000 pessoas. Comece compartilhando desde os primeiros passos que você der rumo a esse objetivo.

Escolha do local, visitas a fornecedores, bastidores dos convites que você faz a pessoas importantes no mercado ou para a sua marca... mostre tudo o que for capaz de mostrar como você saiu da fase do planejamento (antecipação) até a realização do evento com case cheia (conquista)!

As pessoas gostam de acompanhar esse storytelling e, se você entregar o que prometeu, elas ficarão com a imagem de que você é uma pessoa/marca que realmente **entrega o que promete**.

7) PROVAS SOCIAIS: DIGA COM QUEM ANDAS E TE DIREI QUEM ÉS

Faça conteúdos com marcas pessoais e empresariais do seu nicho de atuação. Não ignore também o potencial de fazer collabs com players de mercados do seu interesse, que são referência para você e para o seu público-alvo.

Números também são importantes para trabalhar provas sociais.

- Quantos clientes você já atendeu?
- Quanto você já gerou de receita para as marcas com as quais trabalhou?
- Quantos mil ou milhões de seguidores tua marca tem nas redes sociais?

8) APOSTE EM COLABORAÇÕES

O Instagram, por exemplo, tem o recurso de Collabs, em que o mesmo conteúdo chega aos seguidores das duas contas que estão colaborando. Isso é ótimo para chegar a novos olhares e crescer seu número de seguidores!

9) APRENDA COM O QUE DEU ERRADO. INVISTA NO QUE DEU CERTO

O melhor jeito de aumentar a base de seguidores nas redes sociais da forma correta é **impulsionar os conteúdos que mais tiveram engajamento**. Não invista grana no que deu errado! Aprenda com o que não teve engajamento.

É um erro muito comum querer impulsionar os conteúdos que performaram mal, para que mediante pagamento se tente chegar a uma performance parecida com os resultados conquistados organicamente pelos melhores posts.

Mude o mindset: invista no que deu certo, para que dê ainda mais certo!

Segmente esses anúncios para o público *lookalike*, ou seja, uma audiência parecida com a sua. Esse é o melhor atalho para crescer seguidores nas redes sociais, mantendo um bom engajamento nas suas contas e chegando a mais pessoas com tendência a comprar de você.

10) ANTES E DEPOIS: MOSTRE O PODER DA TRANSFORMAÇÃO DA MARCA

Isso é importante não apenas para a sua estratégia de copy para marcas que atender, como também para a sua própria carreira. Por exemplo: mostre como era a estratégia de vendas antes de você começar a atuar como copywriter da marca.

- Como eram os conteúdos antes do seu trabalho?
- Como ficaram após você criar ações de copy?
- Como eram as taxas de conversão da marca sem copy?
- Como são agora que você faz ações de copy?

Lembre-se: empresas dos ramos de arquitetura, estética e moda são sempre ótimas fontes de inspiração para realizar bons conteúdos Antes x Depois. Inspire-se nesses exemplos para produzir conteúdos de acordo com a realidade do seu mercado.

11) AFASTE MEDOS E APROXIME SONHOS

As pessoas farão qualquer coisa por quem afastar os seus medos e aproximá-las dos seus sonhos. Cada conteúdo que você publica nas redes sociais deve ser **uma ponte** que afasta as audiências de seus medos ou deixa as pessoas mais próximas de realizarem sonhos.

Já no próximo capítulo você lerá mais sobre buyer persona e entenderá bem como identificar os medos e os sonhos do seu cliente.

12) NÃO TENHA A SÍNDROME DO ESPECIALISTA

A menos que seu público-alvo seja pessoas com certo grau de especialização, você não deve conversar com sua buyer persona com linguajar de especialista.

O motivo é simples: a grande maioria do público-alvo é de pessoas leigas, que não vão entender (ou vão achar chato) o que você está falando. Se o seu cliente soubesse o que você sabe, ele nem teria te contratado ou comprado da sua marca.

Tenha isso em mente: a marca só é reconhecida como relevante quando é capaz de responder às dúvidas mais básicas do seu mercado.

Por isso, mapeie as principais dúvidas do cliente para que seus conteúdos tragam respostas a essas perguntas. Abra com certa frequência (por exemplo, uma vez por semana) a caixinha de perguntas nos Stories do Instagram e responda por lá. Pegue as dúvidas e respostas mais importantes e faça conteúdo também para o feed.

Por que trazer para o feed? Porque o conteúdo no feed tem 7x mais alcance do que nos Stories. Então não seja uma conta que só faz conteúdos nos Stories. Mostre a cara da marca também no feed!

13) CONTE O SEU DIA A DIA

Compartilhar detalhes do dia a dia é muito bom principalmente para marcas pessoais, pois você pode mostrar bastidores e, ao mesmo tempo, inspirar outras pessoas.

Marcas empresariais podem apostar nessa abordagem para mostrar bastidores de como é trabalhar na empresa, como são feitas reuniões de planejamento, além de compartilhar pequenos teasers do que vem por aí. O segredo aqui é ter em mente o que a buyer persona entende que é interessante para ela!

14) COMPARTILHE O QUE VOCÊ QUERIA SABER QUANDO COMEÇOU

O que você faria se tivesse que iniciar do zero hoje? O que você gostaria de saber logo que começou sua carreira/empresa?

Essas são perguntas muito boas para serem respondidas em forma de conteúdo nas redes sociais, pois você trará dicas para quem está começando e também servirá como referência, como inspiração.

Conteúdos assim humanizam a marca, afastam os medos das pessoas que estão querendo iniciar algo e aproximam elas dos sonhos.

Lembre-se:

> O ÚNICO ATALHO QUE EXISTE NA VIDA É APRENDER COM OS ERROS E ACERTOS DOS OUTROS.

Você humaniza muito a marca quando compartilha erros e dá dicas do que gostaria de saber antes e que só aprendeu com a experiência adquirida com o passar dos anos.

15) DESAFIE O PÚBLICO A CONQUISTAR ALGO

Você se lembra da dica sobre compartilhar modelos com resultados comprovados para que as pessoas apliquem? Transforme isso também em desafios. Faça a sua audiência entrar no jogo e se engajar ainda mais ativamente com a sua marca.

Essa é uma estratégia para um momento em que sua autoridade digital esteja mais madura, pois colocará a sua imagem à prova caso as pessoas não consigam conquistar o que você afirmou ter conquistado, então elas podem deixar de te contratar ou comprar da tua marca.

No entanto, essa abordagem é altamente estratégica, pois potencializa ainda mais a sua autoridade digital se for feita em um momento oportuno e com base em fórmulas que você realmente usa para conseguir resultados.

Quando as pessoas têm uma pequena amostra da tua marca por causa da conquista que você ajudou a viabilizar, elas passam a confiar **muito, muito, muito mais** na sua empresa.

16) A VIRADA DE CHAVE

Momentos que consideramos como virada de chave também são importantes de serem compartilhados, pois têm tudo a ver com storytelling e jornada do herói.

A vibe é esta: *Eu fazia isso, mas algo me fez ver que não era o caminho. Ou algo aconteceu e mudou drasticamente meus rumos.*

Uma das viradas que não canso de indicar é que você (isso mesmo, você que está lendo) invista cada vez mais no digital. Isso é uma virada de chave. A gente só fatura (mais) quando investe (mais).

Tem como ganhar algo sem investir (dinheiro, tempo, dedicação) e sem depender unicamente da sorte? Eu não conheço. Por exemplo, você agora está investindo tempo lendo este livro para se qualificar. É ótimo. Veja isso realmente como um investimento.

Saiba que seus próximos passos como copywriter dependerão de investimentos no digital, seja você mesmo investindo para alavancar a sua carreira em copy, como também mostrando para seus clientes que eles devem investir mais.

Portanto, além de melhorar suas técnicas de copywriting, você precisa levar cada copy para mais pessoas e, assim, converter mais. Certo?

17) VALORIZE A SUA TURMINHA

Faça lives com pessoas importantes para os seus objetivos de negócios, bem como com outros players que sejam relevantes para a sua audiência. De novo: atraia os olhares de pessoas que ainda não conhecem sua marca por meio da proximidade com pessoas e empresas que elas confiam.

Realize também iniciativas que valorizem a sua comunidade. Vale apostar em canais de relacionamento mais próximos, grupos no WhatsApp e no Telegram, programas de fidelidade, marketing de afiliados e de indicações etc.

18) APRESENTE DADOS

Quando você compartilha dados e pesquisas, automaticamente mostra para a audiência que é uma marca sempre de olho em tendências. E mais: as pessoas amam compartilhar dados e pesquisas.

Tudo isso torna a sua marca mais confiável, pois mostra para a buyer persona que sua atuação é baseada em dados e tendências, não em achismos.

19) ATAQUE "INIMIGOS" EM COMUM

Calma, não é um estímulo à violência! Talvez você de imediato tenha pensado em discursos de políticos atacando outros de vertentes diferentes. Também não é o caso.

No contexto da copy pensada para alavancar a autoridade digital, o caso aqui é de produzir conteúdo que **ataque diretamente os medos das pessoas**, tudo aquilo que está impedindo-as de terem resultados.

Por exemplo: eu trabalho com Instagram Marketing, então com frequência atualizo meus seguidores sobre as novidades e as mudanças no algoritmo do Instagram. Muita gente tem medo do algoritmo ou não o entende, então é comum vermos discursos jogando a culpa no algoritmo do Instagram pelo fracasso no engajamento e na conquista de seguidores.

Por isso, é importante explicar o funcionamento de regras ou pontos específicos do seu nicho de atuação. Isso é muito poderoso para afastar medos que podem parecer banais, mas realmente paralisam pessoas.

20) COMPARTILHE AS SUAS CRENÇAS

Você já percebeu como cada vez mais empresas estão compartilhando bandeiras, apoio a causas e até mesmo eventuais posicionamentos políticos? Isso acontece porque as pessoas gostam de fazer parte de grupos, de tribos, de andar e seguir pessoas com as quais se identificam e pensam de modo parecido.

Tudo é sobre comportamento tribal! Em copy, é essencial identificar os comportamentos em comum entre buyer persona e marca.

É claro que, dependendo da crença, você corre o risco de afastar algumas pessoas ao compartilhar o ponto de vista da sua marca. No entanto, a tendência de fortalecer o vínculo com quem pensa parecido é muito maior do que o afastamento.

Portanto, conheça bem a buyer persona e esteja ciente de que pode haver algumas perdas. Isso faz parte, mas os ganhos tendem a ser bem maiores.

21) FAÇA TUTORIAIS

Você sabe o que a buyer persona está fazendo de ultrapassado e que deveria parar agora mesmo? Ou, ainda, sabe o que vem aí e é importante seu público começar a fazer agora?

Não tenha medo de explicar, mesmo que para você pareça banal! Invista em tutoriais sempre tendo em mente que eles são uma ponte para que a pessoa acabe com uma dor ou se aproxime de um sonho.

22) PENSE NA ARQUITETURA DA MARCA

Como a marca quer ser conhecida?

Ela é elegante?

Séria?

Premium?

Irreverente?

Bem-humorada?

Definir a arquitetura da marca é importante para construir um habitat, uma sede, um ambiente com o qual a sua equipe e/ou os seus clientes usufruam de um ambiente que faça sentido com a imagem que a sua marca quer mostrar ao mundo. Um case muito legal nesse sentido é o do Google.

Os escritórios do Google são vistos como ambientes diferentes, onde dá vontade de trabalhar, e isso também inspira outras empresas que querem passar a mesma imagem. Tenho muitos amigos e clientes da arquitetura que sempre mencionam que muitas empresas usam o Google como referência.

Trabalhe essa questão da arquitetura com fotos e vídeos: isso impacta e também fortalece a autoridade!

23) CONTEÚDO GRATUITO COM ALTO VALOR AGREGADO

Tem como fazer algo gratuito e com alto valor agregado? Sim!

Masterclass e webinários são maneiras de reunir muito conteúdo de valor para que as pessoas assistam ao que você tem a dizer. Esses formatos são importantíssimos para gerar leads!

24) INSIRA A MARCA EM SITUAÇÕES COTIDIANAS

Por exemplo, aproveite a hashtag #TBT nas quintas-feiras para contar sobre alguma conquista ou algo relevante do passado da sua marca. Lembre-se do storytelling e da jornada do herói.

Não tenha medo de soar repetitivo: não importa se em algum momento você já contou determinado fato histórico da marca, pois sua audiência vai crescendo e muitos novos seguidores não ficaram sabendo disso quando você contou em outro momento.

25) DEMONSTRE PRODUTOS E SERVIÇOS

Simples e objetivo, não? Pense nas vezes que você decidiu comprar algo graças à demonstração gratuita. Seja no supermercado porque estavam entregando uma amostra grátis do produto, ou então quando passava em frente a uma loja de cosméticos e aceitou experimentar um novo produto.

A demonstração é superimportante e pode ser realizada inclusive digitalmente, como dando um período de teste grátis de alguma solução. O importante é aproximar a pessoa da experiência de transformação que o produto ou serviço oferece.

26) REAPROVEITE POSTS QUE VIRALIZARAM

Você pode tanto trazer de volta para que novos olhares vejam esse conteúdo que deu certo, como também fazer um comparativo, se for o caso.

Por exemplo: sua marca viralizou com um vídeo, e nele a sua sede não tinha uma arquitetura de acordo com o que você sempre sonhou. Então, você pode mostrar o vídeo novamente e fazer comentários sobre toda a evolução da sede e do que mais você puder comentar sobre o vídeo original.

27) COMPARTILHE AS SUAS REFERÊNCIAS

Assim como é importante trazer dicas e aprendizados da sua jornada, também é interessante compartilhar quem ou o que te inspira todos os dias, para fazer com que sua marca crie as melhores soluções para os clientes.

28) ANTECIPE TENDÊNCIAS

O fim de um ano e o começo de um novo são sempre ótimos momentos para fazer ações especiais de antecipação de tendências.

Eu, por exemplo, sempre aproveito a virada de ano para produzir conteúdos para as redes sociais com um grande número de tendências do novo ano. Meu compilado serve como release para enviar para a imprensa, e sempre sou entrevistado por veículos importantes por causa disso.

Também realizo eventos só sobre as tendências de marketing digital e redes sociais para trazer os insights, de maneira mais prática, para que as turmas apliquem e potencializem resultados no novo ano.

Antecipar tendências faz com que as pessoas percebam que sua marca não se acomoda ao passado e, ao mesmo tempo, sabe do que está falando.

29) INVISTA EM DEPOIMENTOS

Não existe melhor forma de fortalecer autoridade digital do que ter depoimentos reais do seu público-alvo. Isso é especialmente útil em sites e páginas de venda, sobre os quais você lerá muito ainda ao longo do livro.

30) NÃO TENHA MEDO DE ENTREGAR O OURO

É um grande erro achar que não vai converter por produzir conteúdo de valor, capaz de ensinar a audiência sobre algo. É justamente o contrário!

As pessoas precisam perceber que sua marca sabe do que está falando. Mais do que isso: muitas vezes precisam se dar conta de que não terão condições de realizar o mesmo se não contratarem o seu serviço ou não comprarem o seu produto.

A verdade é que, quanto mais você gera valor para o público-alvo, mais as pessoas vão querer retribuir por você estar continuamente publicando de graça na web.

Quando você chegar com uma oferta para a sua audiência, ela vai querer retribuir. Isso é o que eu chamo de poupança mental: o público estará mais empático com a marca, que pouco a pouco foi conquistando a confiança e aumentando a autoridade.

Lembrando: o primeiro pilar para vender com copy é a autoridade digital. Então se a marca ainda não tem autoridade, baixe um pouco a guarda e comece a trabalhar com essas dicas.

Aplique-as diariamente por pelo menos três meses antes de fazer uma ação de copy para mostrar ao mundo a que você veio, aproximando pessoas da sua marca.

COMPARTILHE EM SEUS STORIES

NÃO É SOBRE VOCÊ!

É SEMPRE SOBRE O OUTRO!

@TERRADORAFAEL

CAPÍTULO 7: BUYER PERSONA E COPYWRITING

Você chegou a ele: um dos capítulos mais importantes! É sério.

Planejamento é importante, gatilhos mentais são importantes, mas tudo ficará capenga se a marca não conhecer o cliente ideal, também conhecido como buyer persona. Conhecer bem o público que faz a sua marca existir é essencial para saber onde ele está e como chegar até ele.

Quando falamos sobre buyer persona, não é necessariamente quem curte as publicações da marca nas redes sociais. **Não cometa o erro** de achar que quem curte seus posts e que te segue nas redes sociais é realmente quem está comprando de você.

Anota aí: um estudo de buyer persona tem que ser feito com base em pessoas que compram seu produto ou serviço.

Recomendo que você faça este exercício, que eu faço de tempos em tempos:

1. Selecione um número X de pessoas que compraram produtos ou contrataram serviços num determinado período que faça sentido para os objetivos do teu negócio no momento. Por exemplo, nos últimos 6 ou 12 meses.

2. Entre no perfil delas em diferentes redes sociais e veja se seguem e interagem com seus conteúdos.

Acredito que você vai se surpreender com o que descobrirá. Eu fiz isso no começo de 2023 considerando todo o ano de 2022, e o resultado foi o seguinte: selecionei 50 pessoas que me contrataram como consultor, mentor ou compraram meus cursos com acesso à mentoria. Percebi que 100% do público me seguia nas redes sociais, mas uma minoria realmente interagia curtindo ou comentando meus posts.

Fiquei triste? Claro que não! Isso não significa que eu tenha baixo engajamento nas redes sociais, menos ainda que minha buyer persona seja pouco qualificada para que eu conquiste meus objetivos. O ponto aqui é que a minha buyer persona está fazendo exatamente o que eu espero: **comprando meus produtos e serviços!**

Esqueça métricas como número de seguidores, curtidas e comentários quando o assunto é buyer persona. Nesse caso, isso é apenas métrica de vaidade. O que conta em relação à buyer persona é que seus conteúdos, sua presença digital e suas ofertas estejam chegando às pessoas certas. Esse é o match que gera vendas!

Portanto, não cometa o erro de estudar somente as pessoas que interagem com a marca nas redes sociais.

CONHECER, REVERTER E EXPANDIR

Agora, se atente a uma coisa bem importante e não tão óbvia: fazer essa análise não é apenas para festejar ou lamentar. Quando falamos em estudar o nosso cliente ideal, é fundamental se concentrar em conhecer as objeções dos clientes.

As objeções são informações que vão te permitir desenvolver ações de copy que já eliminem as dúvidas pela raiz. E a melhor forma de conhecê-las é justamente falando com quem compra da marca e observando o comportamento dessas pessoas, e não de quem a segue nas redes sociais.

Por isso que visitar o perfil de uma lista de pessoas selecionadas é uma forma efetiva de conhecer e reverter as objeções que sempre aparecem no momento da compra. Isso é o que eu chamo de ser um Stalker do Bem.

Stalkers são pessoas que seguem e fiscalizam o que outras estão fazendo, geralmente por ciúme ou com más intenções. No contexto de copy, você pode fazer isso para algo positivo. Por isso chamo de Stalker do Bem.

Outro ponto importante de *stalkear* para o bem é o seguinte: lembra-se do comportamento de tribo? Isso também se aplica para expandir o alcance da ação para mais pessoas certas.

Hábitos de compra parecidos vão ocasionar outros comportamentos similares. Então, quando se conhece bem quem compra da marca e o que é importante para essas pessoas, você tem dados para embasar as ações de copy e as segmentações de anúncios.

O segredo de uma boa copy é fazer com que **a buyer persona sinta que aquele anúncio foi feito para ela**. Isso você pode fazer descobrindo uma série de atributos como profissões, cargos, hábitos de consumo, entre outras possibilidades.

Dica de tráfego pago para você não cair numa cilada: muita gente faz anúncios com base em *interesses* das pessoas. No caso das redes sociais, interesses dizem respeito a temas e segmentos que a pessoa curte ou segue com seus perfis.

Vou usar o meu caso como exemplo para você perceber melhor o quão genérico é segmentar por interesses.

Eu sou formado em jornalismo, mas nunca fui apresentador ou repórter tradicional. Segui meu rumo na comunicação indo para o marketing digital, criando a agência Fabulosa Ideia, e em paralelo fortalecendo minha própria marca pessoal.

Encontrei no jornalismo muitas oportunidades quando o assunto é qualificar outros jornalistas para marketing digital, copywriting, autoridade digital, tráfego pago e social media.

Então se eu fizesse anúncios segmentados para quem tem interesse em jornalismo daria tudo errado. Porque todo mundo em algum momento curtiu ou seguiu páginas de veículos jornalísticos como G1, Estadão, Folha de S. Paulo, O Globo, Exame etc.

Por isso que, no caso de segmentação de anúncios, *interesse* é uma verdadeira cilada, pois pessoas com qualquer formação acadêmica, ou mesmo sem formação nenhuma, receberiam cursos voltados para jornalistas se eu segmentasse por interesse em jornalismo.

Como deve ser feito: o caso aqui exige segmentações com base em pessoas com cargos de jornalista, que estudaram jornalismo e que trabalham em áreas relacionadas à profissão.

Portanto, o jogo para ser assertivo em copy + tráfego pago é conhecer cargos, profissões e hábitos de consumo de quem compra da sua marca. É uma vibe muito mais da psicologia, não é verdade? Por isso falei bastante sobre neuromarketing nos primeiros capítulos!

Ah, Rafa, mas meu público é amplo e eu atuo em todo o Brasil. Como faço?

Baseie a ação de copy em dados demográficos e tecnológicos para fazer segmentações estratégicas. Mesmo que você atenda o Brasil todo, segmente os anúncios para as regiões onde a marca tem mais impacto e onde as pessoas já costumam comprar mais.

Veja alguns exemplos práticos do que a copy perfeita precisa ter:

- Falar sobre os interesses das pessoas. Exemplo: vender mais.

- Conhecer os desejos das pessoas e instigá-los. Desejo é algo que vem do futuro, então a copy precisa projetar esse futuro ideal. Exemplo: conquistar independência financeira.

- Conhecer as dores. Exemplo: são pessoas que estão cheias de trabalho, sem tempo livre e ganham pouco. Compreender os medos. Exemplo: medo de investir ou não conseguir pagar parcelas a longo prazo.

- Conhecer também as frustrações que elas já tiveram com outras soluções do seu mercado. Exemplo: o que marcas concorrentes frustraram a pessoa quando ela buscou soluções oferecidas por elas.

Ponto importante sobre frustração: esta é uma objeção que muitas vezes **se resolve oferecendo garantia**. Por exemplo: *Teste por 7 dias e, se não gostar, a gente devolve o dinheiro.*

Garantia é efetiva por dois motivos:

1º motivo: mostra que a tua confia na solução que vende.

2º motivo: deixa a pessoa mais segura de que a compra vale o investimento e, caso não aprove, ela sabe que terá um período para pedir reembolso.

A garantia pode ser também em relação a um longo prazo para troca ou reparos, algo muito útil principalmente para produtos.

FERRAMENTAS ÚTEIS PARA QUEM AINDA NÃO TEM MUITOS CLIENTES

Embora seja importante definir a buyer persona com base em pessoas que já compram da tua marca, fato é que todo mundo começa do zero. Por esse motivo, compartilho algumas ferramentas bem úteis que podem ajudar você a conhecer melhor o público que acompanha sua marca nas redes sociais enquanto ainda não há uma grande base de clientes para avaliar.

Audience Insights (gratuita): são os dados demográficos da audiência das páginas no Facebook. Lá você consegue ver informações importantes como taxa de engajamento, cidades onde seu conteúdo performa melhor, formatos de conteúdos que mais se destacam com a audiência, entre outros.

Instagram Insights (gratuita): é como o Audience Insights, porém no Instagram. Para ter acesso a esses dados, a conta precisa ser comercial ou de criador de conteúdo. Além de conhecer os dados demográficos, use essa ferramenta para conhecer os horários em que mais pessoas da sua base de seguidores estão conectadas. É nos horários nobres que você deve publicar. Quanto mais gente conectada, mais olhares aptos a verem seu post nos primeiros minutos após a publicação, que vão ajudar o engajamento a ser mais alto.

Zeeng.com.br (paga, mas também oferece recursos gratuitos): Mostra dados quantitativos sobre as suas redes sociais e de concorrentes. O ponto forte da Zeeng é poder fazer um benchmarking para conhecer bem o cenário competitivo do seu mercado no digital.

COMPARTILHE EM SEUS STORIES

UMA EXCELENTE COPY É AQUELA QUE QUEBRA OBJEÇÕES, QUE TIRA AS PEDRAS DO CAMINHO E APROXIMA O CLIENTE DA COMPRA!

@TERRADORAFAEL

CAPÍTULO 8: COMO QUEBRAR AS OBJEÇÕES DA BUYER PERSONA

Quebrar objeções da buyer persona é remover do caminho todo e qualquer obstáculo que esteja dificultando a compra.

Estas são as principais objeções que produtos e serviços costumam enfrentar no mercado, e como você pode quebrá-las.

1) Isso não funciona. É muito bom pra ser verdade.

Use exemplos para eliminar essa objeção. Mostrar o produto ou serviço sendo aplicado é muito efetivo nesse caso. Esta é uma estratégia fundamental para marcas B2B e B2C.

Uma forma de aumentar o impacto da quebra de objeção é produzindo videocases com clientes cujos depoimentos comprovam que a solução funciona.

2) Não confia ou não conhece a empresa.

Lembre-se de tudo o que você leu no capítulo sobre autoridade digital para acabar com essa objeção. Só comece a investir em anúncios quando a reputação da marca na web estiver bem construída.

Jamais esqueça: não basta ser bom, tem que parecer bom!

3) Isso é muito difícil, eu não vou conseguir implementar.

Produza tutoriais em vídeo com passo a passo e desenhos em stop motion para quebrar essa objeção. É como se você estivesse pegando a pessoa pela mão para que ela perceba como a sua solução é prática e eficaz.

Outra solução é prestar um serviço de onboarding. Ofereça uma consultoria especializada que dedica um tempo para ajudar a pessoa diretamente com a aplicação do que você vende.

Isso é muito útil principalmente com produtos inovadores e de tecnologia.

4) Eu não preciso disso agora. Vou deixar para outro momento.

Você precisa deixar evidente que essa oferta é só nesse momento. Use os gatilhos mentais de urgência para fazer a pessoa notar que, se ela não comprar agora, vai pagar mais caro depois. É legal usar um comparativo de quanto custa durante a ação de copy e quanto vai custar daqui alguns meses.

Agregue também elementos que possam mostrar que o mercado no qual seu produto ou serviço está inserido tende a crescer, a valorizar nos próximos meses ou no próximo ano, de modo que tanto a tua solução pode encarecer como também as oportunidades serão cada vez maiores, e a pessoa vai ficar de fora se não as aproveitar agora.

Quando a pessoa percebe tudo isso, no mínimo ela se torna um lead que poderá ser mais bem trabalhado no futuro, pois ela faz questão de realmente contar com o valor que a sua solução oferece, independente do preço.

5) E se eu não gostar?

Garantia. Garantia. Garantia.

Eu sei que muitos negócios têm medo disso e escondem ao máximo a garantia. Mas é fato: garantir algo para o lead é um compromisso que você firma antes mesmo de a pessoa comprar. Isso mostra que a marca é confiável, afinal, só dá garantia quem se garante, não é mesmo?

Eu invisto muito em dar protagonismo para garantia nas minhas ações de copy, principalmente nas minhas ofertas premium que envolvem curso + mentoria, e colho excelentes resultados.

Tenha em mente que uma boa copy traz a garantia junto ao preço, porque as pessoas vão se sentir muito mais seguras para comprarem da sua marca sem precisar ficar pesquisando para descobrir o que fazer caso não gostem do que compraram.

Quando você destaca que garante que a sua solução é boa, está mostrando que a sua empresa é idônea, valoriza o consumidor e não perde tempo com papo mesquinho.

Portanto, não tenha medo, nem esconda a garantia: dê protagonismo a ela!

6) Preciso pensar a respeito.

Quando o lead diz isso, você precisa agir de duas formas:

Tenha na manga um bônus, um brinde ou algum diferencial que acelere a tomada de decisão.

E o principal: dê um prazo — com horário, inclusive — para que a pessoa decida agir. Data e horário de término são os gatilhos mentais de urgência.

Pense num roteiro assim:

> Ó, FULANO, EU CONSIGO RESERVAR PARA VOCÊ ATÉ AMANHÃ ÀS 12H. E SE VOCÊ CONCLUIR A COMPRA, EU AINDA TE GARANTO MAIS UM BÔNUS DE X.

Dica de ouro: o bônus pode ser inclusive uma oportunidade para que a pessoa já tenha um gostinho de uma solução ainda mais premium da sua marca.

O horário é muito importante porque sua equipe de vendas precisa fazer uma ação proativa para consultar a pessoa e não deixar que ela se esqueça de pensar no assunto. Então, se a oferta vai até as 12h, perto das 11h você já entra em contato para reforçar que a oferta está de pé, mas que ela tem pouco tempo para aproveitar.

A maioria das ações de Copy tem bem definidas a data e a hora para acabar, porque a equipe de vendas vai lutar para fechar todos os leads que exijam uma atuação proativa para quebrar objeções.

Geralmente as empresas escolhem fazer ações até as 23h59min do dia, até para evitar confusões de datas que possam ser causadas com a virada da meia-noite.

Outro motivo pelo qual é importante finalizar às 23h59min é o efeito W, que mencionei antes: um pico importante de vendas tende a ocorrer nas últimas horas da oferta, então melhor ainda se ela ocorrer fora do horário comercial, caso a compra aconteça pela internet.

7) Já tenho um produto/serviço semelhante.

Essa objeção você quebra dando um gostinho da sua solução.

> FULANO, NÓS TEMOS TESTE GRÁTIS POR 15 DIAS PARA VOCÊ TESTAR ANTES DE COMPRAR.

De novo, o desafio é gerar o lead! Se você realmente tem um produto ou serviço bom, que cura uma dor ou realiza um desejo, o lead vai ser convertido.

Muitas startups, e principalmente serviços de streaming, oferecem esse período grátis justamente porque são muito bons, e a pessoa acaba assinando de maneira recorrente.

8) Achei muito caro.

Aqui a solução é trabalhar o que chamamos de **preço psicológico**. Mostre para a pessoa quanto ela vai poupar — ou ter de rentabilidade — no futuro.

Um case muito interessante é o da energia solar. Ainda é caro ter acesso a esse tipo de energia sustentável, mas a economia que os usuários de energia solar conquistam mês a mês em comparação à energia elétrica é um ótimo argumento para que o setor converta cada vez mais clientes.

Você pode fazer paralelos com os resultados a curto prazo. Depoimentos também são muito úteis para mostrar pessoas que achavam caro, mas perceberam que o investimento se pagou em dois ou três meses.

9) Será que eu consigo os mesmos resultados?

Esta é uma grande objeção principalmente para quem presta serviços.

Obviamente a copy não pode prometer os mesmos resultados para todo mundo, porque nem todo mundo seguirá à risca os procedimentos ou os métodos necessários.

Por exemplo, se uma nutricionista indica um passo a passo para promover uma mudança de hábitos alimentares capaz de fazer a pessoa emagrecer 10kg em três meses, mas a pessoa não aplica tudo rigorosamente, não é um problema da solução vendida, e sim do paciente que não respeitou as orientações. Então é perigoso garantir os mesmos resultados para todo mundo.

Um caminho eficiente é variar depoimentos, porque cada cliente terá um contexto e será mais fácil para os leads em dúvida se identificarem e pensarem: *Essa pessoa estava numa situação parecida com a minha*. Isso deixa a pessoa mais confortável.

Importante: coloque sempre o depoimento com foto da pessoa, nome completo, cargo e duas ou três linhas do relato. Tem que ter foto ou vídeo que comprove que o cliente é real! Nada de inventar nomes ou pegar fotos de bancos de imagem.

Pessoas parecidas ou com cargos similares fazem o lead se identificar com a oferta. Isso é essencial para uma boa copy!

10) Vou passar para a diretoria e retorno.

Objeção superclássica no mundo B2B! Se a pessoa te pediu a proposta, é porque ela quer fechar negócio contigo. Ela sabe que a empresa que pediu o orçamento está precisando da tua solução.

Este é um momento único para você dizer:

> FULANA, ME CONTA UMA COISA: VOCÊ ME PEDIU A PROPOSTA, PROVAVELMENTE QUER FECHAR NEGÓCIO COMIGO. ME DIZ: COMO A GENTE PODE AGRADAR A SUA DIRETORIA? SERÁ QUE O PREÇO ESTÁ ADEQUADO? ME DÁ UMAS DICAS...

As pessoas amam desabafar! E é comum que a pessoa seja bem sincera e diga algo tipo: *Olha, o preço está um pouco caro para o que a gente pode pagar agora, mas se você fizer isso e aquilo, a proposta vai ser aprovada.*

Adapte o seu mindset de negócios para se apegar a leads que realmente estão interessados!

11) Eu não tenho dinheiro nesse momento.

Também é uma objeção muito comum, não é verdade? Esta você resolve de muitas maneiras:

Período de carência.

Parcelamento prolongado e facilitado.

Parcelamento inteligente (o cartão não pega todo o limite de uma só vez, e sim o valor da parcela mês a mês).

Parcelamento em boleto ou Pix. Nesse caso, a taxa tende a ser maior porque envolve uma empresa gerenciando e assumindo o risco. Mas, dependendo do valor agregado do produto e/ou do perfil da buyer persona, pode valer o investimento. Essa é uma boa estratégia para B2B, pois é menos comum que empresas atrasem os pagamentos quando elas têm um setor financeiro com profissionais dedicados à função de contas a pagar.

12) Não tenho tempo.

Possibilite que a pessoa garanta a compra com os benefícios oferecidos agora, mas podendo usufruir as vantagens num prazo maior do que o previsto, para que ela não precise pagar mais caro no futuro.

Esses 12 itens são gerais do mercado, mas é importante que você estude sua própria buyer persona para conhecer as objeções do seu ramo de atuação.

A melhor fonte para descobrir isso são os leads que **não fecharam com a sua marca**. Por que não fecharam?

Os insatisfeitos também podem ser fonte de aprendizado. O que poderia ter sido melhor para você fechar ou permanecer?

Com esses feedbacks você pode se preparar bem para agir e desenvolver criativos, páginas de vendas e e-mails que acabem com objeções reais.

Outra possibilidade é fazer pesquisas quantitativas e qualitativas de tempos em tempos para saber se os clientes estão gostando ou não das soluções da marca, pedindo detalhes do que gostam e do que não gostam.

Entenda desde já: se você fizer essa pesquisa em formulário pela internet e enviar por e-mail, é natural que poucas pessoas respondam. Não se preocupe se mandar 10.000 mensagens, mas só 100 responderem. Pense que esses 100 são megaengajados e possivelmente estão contribuindo com informações qualitativas que tendem a enriquecer a sua marca

Google e Google Trends também são ferramentas importantes para se ter uma ideia de palavras relacionadas ao mercado, produto, serviço, e à própria marca. Entenda o volume de buscas e veja pesquisas relacionadas para ter insights mais ricos. Trabalhe a ação de copy em cima do que as pessoas realmente querem comprar.

Outro site muito bom é o answerthepublic.com. Nele, você pode pesquisar palavras relacionadas ao mercado e conhecer as principais perguntas feitas pelo público, bem como nuvens de termos de interesse do público-alvo.

O QUE FAZER APÓS CONHECER AS OBJEÇÕES

Agora que você descobriu as objeções, é hora de planejar bem como e onde inserir a copy para quebrá-las. Lembre-se de que as quebras de objeções têm que ficar muito aparentes nos casos de posicionamento nos sites e nos criativos.

Veja as melhores alternativas:

1º lugar: junto à página de contato.

2º lugar: nos conteúdos nas redes sociais. Antecipe-se às objeções. Transforme as dúvidas e objeções em conteúdo no YouTube, Instagram etc., respeitando as características de cada plataforma para que a mensagem seja mais efetiva.

3º lugar: produzir depoimentos e colocá-los na página de vendas e em criativos das redes sociais, em especial os de formato carrossel.

4º lugar: na seção de perguntas frequentes (FAQ) da página de vendas.

5º lugar: em videocase na página de vendas próximo às perguntas frequentes. O conteúdo deve responder às objeções trazendo passo a passo, infografia e / ou depoimentos de clientes.

6º lugar: conteúdos e anúncios nas redes sociais que comparem antes e depois.

7º lugar: a garantia destacada nos seus criativos e na página de vendas.

8º lugar: em lives especiais no Zoom. Imagine que você fez um lançamento e teve muitas pessoas interessadas, mas ainda com dúvidas. Convide-as para uma live e tire todas as dúvidas olho no olho. Olha que dica legal!

Mas por que olho no olho? Porque isso reforça que a marca é confiável e próxima ao cliente, além do fato de que a dúvida de uma pessoa pode ser a de muitas outras, então sua resposta chega na hora para toda a audiência.

E uma abordagem superefetiva em lives especiais no Zoom é a seguinte:

Obrigado pela pergunta, Fulana! Tá sanada a sua dúvida? Posso contar com a sua compra? Durante a live, quero ver você comprar porque eu quero te dar os parabéns aqui ao vivo.

Trazer as pessoas interessadas funciona demais, e dar o protagonismo a quem está prestes a solucionar um problema ou realizar um desejo comprando a sua solução é ainda mais poderoso.

9º lugar: selos de autoridade em criativos e páginas de vendas — prêmios, reconhecimentos, matérias e entrevistas na imprensa, participações em eventos que são referência no seu mercado. Lembre-se das dicas do capítulo sobre autoridade digital.

10º lugar: vídeo quebrando objeções nas redes sociais. A abordagem é um pouco diferente do videocase porque assim você responde diretamente às dúvidas da buyer persona.

Por exemplo, estas são dúvidas comuns na venda de cursos e eventos que podem ser respondidas dessa forma: "Vai ter certificado?"; "E as aulas vão ficar gravadas?".

11º lugar: ofereça uma demonstração. Isso é essencial principalmente para produtos ou serviços mais complexos.

Dica de ferramenta: o site Hotjar é uma ferramenta de mapa de calor, solução que você instala no site para ver as áreas onde as pessoas mais fixam o olhar, passam o mouse e tocam na tela do celular.

Isso possibilita que você conheça em detalhes o comportamento dos usuários e é efetivo para identificar as melhores oportunidades para inserir uma copy específica ou um botão de ação.

Outra solução é prestar um serviço de onboarding. Ofereça uma consultoria especializada que dedica um tempo para ajudar a pessoa diretamente com a aplicação do que você vende. Isso é muito útil principalmente com produtos inovadores e de tecnologia.

COMPARTILHE EM SEUS STORIES

VOCÊ NÃO VENDE QUANDO NÃO OFERECE!

COPY É A ARTE DE CRIAR OFERTAS IRRESISTÍVEIS!

@TERRADORAFAEL

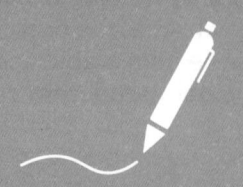

CAPÍTULO 9: COMO CONSTRUIR PROMESSAS FORTES E A BIG IDEA

O segredo aqui é fazer a pessoa pensar de cara o seguinte: "Essa solução atende ao meu desejo, cura a minha dor, resolve o meu problema nesse momento".

A Big Idea é o conceito da campanha, digamos assim, e ela está dentro da promessa. Vou me usar como exemplo para facilitar, e se você já leu meu primeiro livro vai tirar ainda mais proveito dessa explicação.

Como mencionei antes, meu primeiro filho foi o *Instagram Marketing: Como Criar Marcas Vencedoras Através da Rede Social Mais Importante do Mundo*. Chamo de "filho" com muito carinho porque foi o livro que me colocou pela primeira vez nas prateleiras de livrarias de todo o Brasil e no rumo de já estar na terceira obra bem recebida pelo público. Ou seja: levando transformação para a audiência por meio de um livro, eu também tive minha vida transformada. Por isso nutro tanto carinho por essa conquista.

Dito isso, vamos voltar para a análise do que é a Big Idea e a promessa do livro.

- A Big Idea é o título: *Instagram Marketing*
- O subtítulo é a minha promessa forte: *Como Criar Marcas Vencedoras Através da Rede Social Mais Importante do Mundo*

Você percebe que a **promessa é sobre a transformação** que o livro pode ajudar a pessoa a conquistar se ela ler e aplicar os ensinamentos? Guarde bem essa informação.

Aí chegamos a uma dúvida que eu costumo ouvir bastante: "Então quer dizer que Big Idea e promessa são a mesma coisa que o nome, o slogan e o logotipo da marca?". Não!

Big Idea é realizada para uma ação de Copy num momento específico. Então você pode ter vários produtos ou serviços para oferecer aos clientes e cada um deles ter a própria Big Idea e promessa.

Por que isso? Porque Copy é sempre sobre aumentar vendas neste momento, no contexto atual.

PROMESSAS FRACAS = VENDAS FRACAS

Bora se livrar da armadilha de promessas fracas = vendas fracas? Chegou a hora de você colocar a mão na massa para saber como criar uma Big Idea marcante e uma promessa forte para alavancar suas vendas!

Já comece a analisar a promessa da sua solução. Não esqueça: É sempre sobre benefício e raramente sobre características.

Adote o seguinte mindset para analisar a tua promessa atual:

- Qual é a transformação do cliente?
- Que benefícios ele conquista comprando de você agora?

A PROMESSA FORTE

Eu gosto muito da definição de promessa que está no dicionário. Olha só:

> Promessa é uma afirmativa de que se dará ou fará alguma coisa. Compromisso oral ou escrito.

Então, promessa nada mais é do que o compromisso que você faz de entregar algo de valor para o cliente. **Evolução é a palavra-chave para uma boa copy.**

Na prática, é isto que deve estar explícito na copy: comprando da sua marca, o cliente vai sair do status X e atingir o status Y.

E veja que interessante no que o dicionário diz também: *Compromisso oral ou escrito.*

A era dos vídeos curtos continua. E a comunicação em áudio também pode ser superpersuasiva. Aposto que você conhece uma pessoa que ama mandar áudios por WhatsApp, não é verdade? Pois bem: tanto os áudios, quanto os vídeos estão em alta porque são também formatos de copy.

Tem gente que costuma dizer que "mandar áudio é melhor". Eu sei também que nem todo mundo gosta. Tem quem diga que só é melhor para quem manda, mas fato é: se a mensagem for falada com clareza e estratégia, áudio e vídeo são formatos muito efetivos em copywriting.

(Só um acréscimo: mesmo que você não goste de áudios por WhatsApp, peço desde já que reserve um cantinho na sua mente para, no fim do livro, falarmos sobre a importância dessa forma de se comunicar no aplicativo mensageiro mais popular do Brasil no contexto de copy).

Tudo vai girar em torno da promessa para um momento específico. Essa frase estará no anúncio muito visível e no topo da sua página de vendas. Também pode ser usada na bio do Instagram e em outros pontos de contato com o lead. Por que num momento específico?

Porque a sua empresa pode vender coisas diferentes em situações variadas. Lembre-se de que ação de Copy realmente efetiva é planejada com começo, meio e fim. No período entre um dia e duas semanas, a sua marca vai focar totalmente para que essa promessa chegue às pessoas certas.

BIG IDEA: TUDO QUE A GENTE FOCA CRESCE!

A Big Idea da ação de copywriting pode traduzir a essência da marca, do produto/serviço ofertado, de um diferencial importante da empresa ou da solução vendida, entre outras possibilidades que podem estar relacionadas diretamente ao contexto do mercado.

Ela também pode ressignificar algo popular ou do mercado, por exemplo, marcas que aproveitam a Black Friday para trazer o evento para o seu contexto.

- Azul (companhia aérea), Conta Azul (contabilidade) e Extra (varejista) fazem **Blue Friday** porque têm a cor azul na identidade visual.

- Banco Inter realiza a **Orange Friday** porque a identidade visual é laranja.

- Creditas (financeira) e Farm (moda) chamam sua Big Idea de **Green Friday**.

No caso da Creditas, o verde foi escolhido porque simboliza ter dinheiro, sair do vermelho, questão diretamente relacionada à promessa da empresa de financiar empréstimos.

Por sua vez, a Farm possui um conceito sustentável e realiza ações em prol da preservação do meio ambiente, então a cor verde também faz total sentido.

Outro exemplo prático para você se inspirar: veja como foi o meu processo de criação do nome do evento que realizei presencialmente em Porto Alegre. Eu cheguei à conclusão de que qualquer empresa que deseje crescer no digital precisa de três Forças:

- **Estratégia:** saber qual posicionamento adotar e conhecer o caminho para crescer. Para quem não sabe aonde vai, qualquer caminho serve. Construí o evento com o foco de ensinar ao público o passo a passo exato para escalar os negócios a partir de exemplos validados.

- **Copy:** se a buyer persona não entende a promessa, ela nunca vai comprar a marca. É tão importante saber isso, que estamos nos aprofundando no tema agora mesmo, não é verdade? Afinal, já não basta publicar conteúdo na web. É preciso criar conteúdos persuasivos, que realmente convertem.

- **Tráfego pago:** é preciso investir em anúncios para que a ação de copywriting chegue a mais pessoas, e às pessoas certas. Esse é um aprendizado essencial para aumentar o impacto da mensagem na minha buyer persona na web e lucrar mais. Afinal, as marcas podem ter o melhor produto ou serviço do mundo, mas se continuarem chegando a poucas pessoas não terão o faturamento que merecem.

Foi percebendo o potencial de cada um desses itens — e como as empresas realmente precisam desse tripé para prosperar no digital — que decidi chamar os tópicos de **Forças**. A Big Idea do evento foi então chamá-lo de "As 3 Forças do Digital".

Depois disso, pensei na promessa ligada às 3 Forças e defini que o evento duraria 3 dias. Ela ficou assim: *3 dias para alavancar o digital da tua marca através de Estratégia, Copywriting e Tráfego Pago.*

Isso tudo foi casado de forma que faz sentido para minha buyer persona. Portanto, esqueça descrições burocráticas e conceitos gerais da marca: foque o que é importante para chegar ao seu objetivo no momento. Essa é a receita para um efetivo combo Big Idea + Promessa!

EXEMPLOS PODEROSOS PARA VOCÊ SE INSPIRAR

Primeiro, uma dica de leitura: no livro *Vaca Roxa*, do Seth Godin, o autor fala muito sobre marcas inovadoras e como elas atuam para criar um lugar especial na mente do consumidor. Esse é o foco de quem inova!

Dito isso, vamos à seleção de exemplos de Big Idea + Promessa dos quais gosto muito e percebo que geram muitos resultados para as empresas que os criaram.

Começando por uma de marketing digital e gestão de vendas: RD Station. Esta é uma famosa ferramenta que usei por muito tempo e realmente cumpre uma poderosa promessa: *Gere mais clientes para o seu negócio.* Direto ao ponto!

Agora, veja o que vem a seguir: *Venha crescer com o RD Station Marketing, a ferramenta de automação de marketing número 1 no Brasil.*

O que eles querem dizer com "Número 1 do Brasil"? Gatilho de autoridade!

Dica de ouro: destacar a sua promessa com um reforço sobre a sua autoridade é muito importante, especialmente para chegar à buyer persona que ainda não conhece a sua marca.

Num papo informal, o que o RD Station Marketing diria para o lead: "A minha ferramenta é a que gera mais negócios para as empresas em comparação com outras soluções do mercado. Por isso é reconhecida como a preferida no Brasil". Isso passa segurança para que o lead acredite na marca e no potencial de transformação que ela oferece.

Este é um exemplo mais antigo do RD Station, da época em que eu usava a ferramenta. No momento que eu escrevo este livro, a copy é a seguinte:

Faça um teste gratuito do RD Station Marketing

A ferramenta de Automação de Marketing mais usada no Brasil e mais bem avaliada pelos profissionais no B2B Stack e G2.

Big Idea

Faça: chamada para ação.

Um teste: demonstração de produto para aumentar a percepção de autoridade para quem não conhece, ao mesmo tempo que quebra a objeção de quem já tem uma ferramenta similar contratada.

Gratuito: palavra que enriquece a copy.

Promessa

A ferramenta de Automação de Marketing mais usada no Brasil e mais bem avaliada pelos profissionais no B2B Stack e G2: reforço da autoridade digital citando fontes confiáveis (B2B Stack e G2) que atestam isso junto ao nicho em que a marca quer conquistar novos clientes.

Chamada para ação

Seu e-mail de trabalho + botão Teste Grátis: veja que o objetivo é fazer o lead preencher o campo com e-mail profissional, pois é uma ferramenta para ser usada no dia a dia de trabalho.

Outro exemplo bastante efetivo e do qual gosto muito do combo é a empresa DNA de Vendas. Ao entrar no site, você já dá de cara com a Big Idea + Promessa bem grandonas:

GERAMOS CRESCIMENTO COM PREVISIBILIDADE EM VENDAS

A MAIS COMPLETA CONSULTORIA DE VENDAS PARA AUMENTO DA PRODUTIVIDADE DO BRASIL.

FALE COM UM CONSULTOR.

Perceba como é estratégica não apenas a Big Idea + Promessa, mas também a montagem do site. Esse é o topo do site, com tudo bem destacado e já com um botão de ação (*call to action* — CTA) para levar a pessoa a falar com um consultor. Além disso, o botão do WhatsApp também está presente no lado direito da tela.

Big Idea + Promessa

Geramos crescimento: promessa

Com previsibilidade em Vendas: a forma como cumprem a promessa

Neste exemplo, a construção está toda integrada, de modo que a frase de apoio é um reforço sobre a autoridade digital da DNA de Vendas: *A mais completa consultoria de Vendas para aumento da produtividade do Brasil*

Chamada para ação

Fale com um consultor: o objetivo é fazer o lead entrar em contato imediatamente. Ter o contato da pessoa via WhatsApp faz com que a DNA de Vendas já esteja muito próxima e possa até mesmo negociar alguma condição especial mantendo um relacionamento rapidamente no WhatsApp.

O FOCO DA PROMESSA

A promessa é sempre sobre resultado, pertencimento ou status que quem comprar vai conquistar. Então verifique se a sua promessa entrega isso de modo bem evidente!

Uma boa promessa tem que focar três fatores:

- Benefício muito claro que a pessoa vai conquistar.
- A energia que ela vai gastar ao comprar o produto.
- Tempo de resolução da promessa.

Portanto, aproximar um benefício ao tempo em que a solução vai gerar o resultado esperado é muito efetivo. Claro que o período deve ser verdadeiro: não invente um prazo mirabolante só para agradar a buyer persona se o seu produto ou serviço não for capaz de cumpri-lo.

Quer ver uma promessa mediana e supercomum? *Descubra como perder peso*. Que tal ver como usar a frase "perder peso" numa boa promessa?

Exemplo fictício: Como perder peso sem parar de comer o que você gosta, sem sofrer, em até 3 meses? Conheça o Método 3x.

De novo: a copy precisa ser verdadeira! Mostre que o prazo é palpável e realista. Uma copy que me chamou muito a atenção logo que a vi pela primeira vez foi uma ação da nutricionista Vanessa Leite, que criou uma dieta do espumante. Olha que interessante!

Você deve estar pensando: "Como perder peso com a dieta do espumante em até 3 meses?". Foi o que eu pensei imediatamente!

O interessante é que a Vanessa tem dados que comprovam que a buyer persona dela gosta de espumante. Caso contrário, não faria sentido trazer uma bebida (seja ela qual for) se o público-alvo não se identificasse.

É uma copy muito inteligente porque também mostra que a paciente dela poderá manter um hábito que faz parte da rotina da buyer persona. Isso reduz o sofrimento de quem busca uma solução para mudar de status. Logo, fica evidente que esse gasto de energia a pessoa não terá ao consultar com a Vanessa.

Portanto, as coisas precisam ser interessantes não para todo mundo, e sim aos olhos da buyer persona. Uma pessoa que gosta de cerveja vai olhar essa copy e dizer: "Não é pra mim".

Vamos levar o papo para uma vibe mais metalinguagem, mais *inception*. Digamos que você esteja se especializando em copy com o objetivo de seguir carreira e vender cursos e mentorias.

Se o seu objetivo for vender para profissionais de comunicação e marketing, usar na copy o termo *copywriting* já é eficiente para informar sobre o que é o seu produto, pois é um conhecimento relacionado à profissão dessas pessoas.

Exemplo: Curso de Copywriting para Profissionais de Comunicação

Isso basta para fisgar a atenção desse público que, no mínimo, já ouviu falar sobre a importância do conceito, então vai fazer sentido.

Agora, se quiser ensinar copywriting para pessoas de outros segmentos que empreendem, usar o termo não será efetivo, porque ele não tem relação direta com o dia a dia delas. Mas empreendedores e empresários sabem que querem vender mais.

Então qual relação você precisa fazer? O benefício de aprender copy: vender mais no digital. Uma copy possível seria então:

Aumente seu faturamento usando a internet: curso de copywriting para empresários.

Se forem empresários de um nicho específico como ramo imobiliário, niche a copy também:

Alavanque suas vendas no digital:
curso de copywriting para o mercado imobiliário.

Por que isso? Para acontecer uma identificação de imediato!

Perceba como o produto pode ser o mesmo, mas a abordagem é diferente para os públicos que mencionei. Guarde essa dica sempre que você precisar converter dois perfis de cliente ideal diferentes, pois você pode usar **mensagens diferentes para levar a uma mesma oferta** se ela sanar o problema ou realizar o desejo de ambas.

Ficou claro? Me conta no Instagram @terradorafael o que você pensa a respeito.

Outro exemplo interessante é a promessa **Vamos para Roma**, criada pelo Erico Rocha, o cara que trouxe a Fórmula de Lançamento dos Estados Unidos para o Brasil. O que seria Roma? Uma metáfora que representa o *destino* do cliente.

É fato: o cliente não está muito interessado no veículo que o leva, e sim no destino. Se ele quer chegar a Roma amanhã, ele pouco liga para qual vai ser o modelo do avião que vai levar.

Trazendo para o contexto de copy, o ponto é: a promessa não é sobre o veículo, e sim sobre o destino do cliente. O destino tem que ter a ver com nicho e subnicho. É preciso olhar as tendências do mercado em questão para construir *um lugar simples* e *atrativo*.

Em quais destinos a sua buyer persona quer chegar? Mapeie-os! Pegue uma folha de papel e escreva, pois colocar na ponta do lápis ajuda a fixar o que você precisa entender bem sobre seus clientes atuais.

Destinos possíveis: Perder peso; Ganhar mais dinheiro; Dormir melhor; Investir melhor; Aprender um novo idioma...

Leve a buyer persona para o próximo nível!

COMPARTILHE EM SEUS STORIES

COPY É SEMPRE CRIAR DEMANDA E AUMENTAR FATURAMENTO CRIANDO DESEJO E NECESSIDADES POR PRODUTOS E SERVIÇOS — NAQUELE MOMENTO!

@TERRADORAFAEL

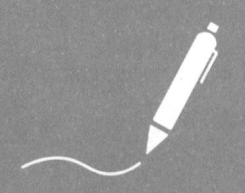

CAPÍTULO 10: PALAVRAS QUE ENRIQUECEM A COPY

As palavras que enriquecem a copy são aquelas em que a buyer persona bate o olho e tem a atenção fisgada, fazendo-a agir de imediato.

Não se limite a usá-las somente na promessa: use em chamadas, títulos e conteúdos nas redes sociais em geral, não apenas em uma ação de copy. Leve-as para a vida!

É fundamental que algumas delas estejam na promessa, que é o coração da copy. Conheça agora as mais enriquecedoras:

1) MAIS

Nós somos seres em constante evolução. Queremos sempre dar um próximo passo, crescer, conquistar algo novo. Queremos sempre mais!

Eu tenho um curso online que se chama InstaMais. A Big Idea é justamente essa, e o nome completo do curso com a promessa ficou assim: "InstaMais: Mais engajamento. Mais seguidores. Mais clientes e vendas".

Dica de ouro: você pode trabalhar o combo Big Idea + Promessa em tópicos como no exemplo do InstaMais, e não apenas em frases diretas. Veja exemplos:

- Palestra Gratuita: Venda Mais na Web Através de Copywriting.

- Evento Gratuito: Conquiste Mais Pacientes com o Método X.

- Consultoria Gratuita: Como Atender Mais Clientes e Ter Mais Tempo Livre.

2) A / O

Os artigos A(s) e O(s) transformam o que está sendo ofertado em algo único.

- A Imersão Prática.
- O Treinamento Inovador.
- O Método Eficaz.
- O Empreendimento Premium.
- As 3 Forças do Digital.

Entende? Você dá protagonismo maior ao que está falando!

3) VOCÊ

Não sou eu que estou te ensinando copywriting. **É você que está aprendendo.** Você vai dominar copywriting. Você vai gerar resultados com uma ótimas ações de copy.

Assim você torna a buyer persona **protagonista** e a faz se imaginar no status que a copy está dizendo que ela é capaz, aproximando-a do destino aonde quer chegar.

4) IMAGINE

É maravilhoso usar o verbo "imaginar" em copy porque é impossível frear a imaginação humana. É também uma forma de levar a pessoa para o destino que ela almeja.

Mais do que um simples convite, é preciso convidar a buyer persona a se imaginar junto à sua solução. É impossível que ela não deseje o status, a transformação que a sua marca está oferecendo.

5) COMPROVADO

Contra fatos não há argumentos. Quando você tem dados, pesquisas ou alguma forma de reconhecimento que realmente comprovam a promessa da sua Copy, não há argumento que crie objeção à oferta. A sua ação de copy se fortalece muito!

Use matérias de veículos confiáveis, populares, que chancelam o que a marca está dizendo. O uso do comprovado precisa levar a Buyer Persona para um status de consciência de que ela precisa comprar asua solução.

Depois disso, mostre na prática que a sua solução entrega o que está dizendo.

6) NUNCA/JAMAIS

Também são palavras muito poderosas, pois o ser humano quer segurança. Isso vem desde os nossos ancestrais, é uma necessidade.

Quando você as usa, joga a pessoa para uma situação de **atenção a respeito de um erro**.

A buyer persona fica em estado de alerta para não querer passar pelo que a sua marca está dizendo "nunca/jamais". Você antecipa um erro da audiência, um problema que ela pode ter. Ninguém gosta de problema, por isso que funciona tanto usá-las na copy.

7) COMPLETA/COMPLETO

Também reforça segurança, comodidade, mostra que tudo de que a pessoa precisa está na sua solução. Completa/Completo não deixa brechas para a falta de informações.

Este livro que você está lendo é completo sobre copywriting. Você não vai precisar comprar outro para ver algo mais. Se desejar aprender mais sobre tráfego pago, *bora* lá continuar se capacitando, mas sobre copywriting eu te garanto que aqui tem tudo o que você precisa saber!

Num outro contexto, o "completo" é bastante usado em empreendimentos imobiliários: *Infraestrutura completa*. Em academias ou centros de treinamento, você pode dizer que a infraestrutura é completa e que a buyer persona poderá fazer ginástica, artes marciais, natação, pois é um verdadeiro complexo para atividades físicas.

8) NOVA/NOVO/NOVIDADE

O que eu a marca vai lançar de novidade? Aqui não é apenas uma questão de palavra, e sim de que é importante frequentemente pensar em uma nova solução para a buyer persona.

Toda marca que almeja ter credibilidade e ser reconhecida como inovadora precisa levar o consumidor para o próximo passo frequentemente: o cliente está no nível 1 da sua esteira de produto e você precisa levá-lo ao 2. Depois ao 3, ao 4, e assim por diante...

Trabalhe com tendências do seu mercado e com o que está bombando fora do Brasil. As pessoas gostam de novidades. Mas mais do que gostar de novidades, nós, seres humanos, não gostamos de ficar para trás!

9) CONVERTER

Converta X em Y. Este é um exemplo bem efetivo principalmente para profissionais de comunicação e gestores de agências: *Somos uma agência que converte conteúdo em resultados de negócios.*

Copywriting é justamente sobre conteúdo que converte em vendas para as marcas. Então a palavra "converter" é bem efetiva e tem tudo a ver.

10) AGORA/IMEDIATO/INSTANTÂNEO

Esses termos são muito importantes principalmente nos botões de ação.

- Comece a estudar agora.
- Tenha acesso imediato.
- Cashback instantâneo.

Em alguns mercados, como o imobiliário, é mais desafiador trabalhar esses termos porque nem sempre o produto está disponível na hora. Mas há soluções que possibilitam uma vantagem mesmo assim.

Um exemplo do qual eu mesmo me beneficiei é o Quinto Andar. Já coloquei imóveis para alugar na plataforma. Por lá, as pessoas podem demonstrar interesse no imóvel ou então pagar uma taxa para **reservar o imóvel**. O aluguel não é garantido de imediato, mas a pessoa passa a ter preferência para concluir o negócio.

Então mesmo que não tenha a solução no momento, a pessoa percebe a vantagem e psicologicamente se sente dona imediatamente.

11) GRÁTIS/GRATUITA/GRATUITO

Essas palavras nos transmitem uma sensação de ganho, pois mostram que não vamos precisar gastar nada para obter um benefício.

Dica de ouro: em vez de oferecer desconto para o cliente que está de aniversário, ofereça algo grátis. Leve a pessoa ao seu site ou loja física para receber um presente, pois assim você aumenta a consciência dela sobre a marca e, quem sabe, garante uma venda na hora.

Pense também em bônus que seja estratégico. Nem sempre a copy é sobre a gratuidade, e sim sobre dar algo que agregue valor à oferta.

12) FÁCIL

As pessoas não querem comprar algo complexo. É importante mostrar o quão fácil é usar seu produto ou serviço para conquistar a transformação prometida.

16 FRASES DE EFEITO PARA ENERGIZAR A COPY

	EM VEZ DE:	DIGA:
P R O V A N D O	Você deve...	Esta é a maneira mais fácil que encontramos para...
	Recupere o controle...	É assim que ajudamos nossos clientes a recuperar o controle de...
	Acredite em mim.	Eu pediria para você confiar em mim sobre isso, mas eu prefiro que você decida por si mesmo...
	Você vai amar isso!	Nós amamos isso porque...
	Eu consigo te ajudar a resolver este problema.	Este é um jeito rápido para você resolver o seu problema.

	EM VEZ DE:	DIGA:
R E S P E I T A N D O	Você vai aprender X formas de...	Descubra hoje X táticas para
	Eu prometo, vai valer a pena!	O que vale a pena para você?
	Você vai concordar comigo.	Se você é como eu...
	Caso você não tenha notado...	Você provavelmente já sabe...
	Isso vai envergonhar...	Isto é o que funcionou melhor para mim...
	Pare de perder seu tempo	Quer fazer isto na metade do tempo e ainda ter sua vida de volta?
	Você consegue fazer isso...	Se eu pude fazer isso, você também pode...

	EM VEZ DE:	DIGA:
E N E R G I Z A N D O	Você deve isso a si mesmo...	O que você sente que realmente merece?
	Pare de fazer isso para sempre.	O que faria você se sentir como se tivesse liberdade para...
	Estou tão orgulhoso que você comprou isso!	Eu admiro a forma como você investe em si mesmo!
	Cuidado, abra os olhos com isso...	Este é um fato que só pode vir como uma surpresa para você!

167 TERMOS PODEROSOS PARA ESCREVER HEADLINES EMOCIONAIS

1. Grátis
2. Oferta
3. Novo
4. Profissional
5. Garantido
6. Especial
7. Testado
8. Melhorado
9. Imediatamente
10. Limitado
11. Simplista
12. Poderoso
13. Grande
14. Popular
15. Exclusivo
16. Valoroso
17. Como
18. Endossado
19. Ilimitado
20. Desconto
21. Fundamental
22. Abaixo do preço
23. De repente
24. Perspectiva
25. Lançado
26. Habilidade
27. Reduzido
28. Melhor
29. Astuto
30. Sobrevivência
31. Maior
32. Colossal
33. Agora
34. Desbloqueie
35. Fortuna
36. Autêntico

COPYWRITING NA PRÁTICA

37. Anunciado
38. Grande presente
39. Apresentando
40. Prático
41. Portfólio
42. Excelente
43. Foco
44. Desejado
45. Muito baixo
46. Interessante
47. Desafio
48. Duração de vida
49. Altíssimo
50. Expert
51. Conselho
52. A verdade sobre
53. Comparar
54. Colorido
55. Acessível
56. Final
57. Força de vontade
58. Atrativo
59. Facilmente
60. Aprovado
61. Competitivo
62. Cheio
63. Gigantesco
64. Inovador
65. Está aqui
66. Acaba de chegar
67. Seguro
68. Com certeza absoluta
69. Disparar
70. Bonito
71. Abarrotado
72. Crescimento
73. Promissor
74. Surpreendente
75. Imaginação
76. O melhor
77. Alta tecnologia
78. Mais recente
79. Importante
80. Urgente
81. Incrível
82. Animador
83. Revelador
84. Sensacional
85. Notável
86. Obsessão
87. Surgindo
88. Revisitado
89. Exclusivo
90. Barganha
91. Pressa
92. Audaz
93. Pioneiro
94. Destino
95. Insuperável
96. Genuíno
97. Informativo
98. Mainstream
99. Completo
100. Última chance
101. Explorar
102. Qualidade

103. Enorme
104. Amor
105. Generosamente
106. Confiável
107. Maravilhoso
108. Avanço
109. Emergente
110. Rentável
111. Amostrador
112. Oportuno
113. Bonança
114. Segurança
115. Reembolsável
116. Rapidamente
117. Revolucionário
118. Milagre
119. Magia
120. Provado
121. Prêmio
122. Esquisito
123. Surpreso
124. Encantado
125. Íntimo
126. Download
127. Confidencial
128. Considerável
129. Magnífico
130. Entregue
131. Segredos
132. Escasso
133. Alerta de famoso
134. Forte
135. Incomum
136. Fora do comum
137. Energia
138. Instrutivo
139. Liberal
140. Raro
141. Borda
142. Superior
143. Inigualável
144. Fascinante
145. Compromisso
146. Chance
147. Resultado final
148. Picante
149. Simplificado
150. Temendo
151. Útil
152. Oferta especial
153. Tecnologia
154. Selecionado
155. Resistente
156. Fortuna
157. Bem-sucedido
158. Oportunidades
159. Últimos minutos
160. Monumental
161. Surpreendido
162. Rápido
163. Fácil
164. Direto
165. Simples
166. Estranho
167. Valor

COMPARTILHE EM SEUS STORIES

UMA BOA COPY DEVE RESPONDER SEMPRE A ESTA QUESTÃO:

QUAL A TRANSFORMAÇÃO QUE AS PESSOAS VÃO TER AO COMPRAREM A SUA SOLUÇÃO E QUAL O MOTIVO PARA ELAS COMPRAREM AGORA?

@TERRADORAFAEL

CAPÍTULO 11: INSPIRAÇÕES PARA A CRIAÇÃO DA COPY

Repertório é tudo! Ter boas fontes de inspiração e sempre estar atrás das melhores referências são hábitos importantes que você, copywriter, deve manter.

Além das dicas sobre organização de referências que você viu no Capítulo 3, é importante sempre ter em mente **para onde você deve olhar** quando precisa refletir para se inspirar.

Bora entender que locais são esses. E que nunca te faltem boas ideias!

1) PROBLEMAS QUE A BUYER PERSONA ESTÁ ENFRENTANDO

Esta é uma dica para você alinhar com todos os pontos de contato da marca com o cliente, como vendedores, profissionais de SAC, gestores de marketing, de tráfego pago, de recursos humanos etc.

Lembrando que toda empresa nasce para solucionar problemas ou realizar desejos. É importante ter em mente que os desafios da buyer persona mudam ao longo da jornada do cliente com a marca, então é preciso saber que isso ocorrerá e sempre estar de olho para entender. Leve isso para a copy.

2) RELEMBRE A TRANSFORMAÇÃO

Como você já sabe, a transformação é um poderoso argumento de venda. As ideias travaram? Liste novamente todas as transformações que a solução vai proporcionar aos clientes.

Se trabalha com empreendimentos imobiliários ou algo muito robusto, invista em listar **os objetivos intangíveis** e que significam uma virada de chave na vida dos clientes, como por exemplo: Mais segurança, mais liberdade, infraestrutura completa para que crianças e PETs curtam com segurança e você tenha mais tempo livre…

3) TENDÊNCIAS DE MERCADO

Viva o hoje olhando para o amanhã. Isso é importantíssimo!

Sempre acompanhe o que está acontecendo no seu mercado. Ferramentas como Google Trends podem ajudar nessa tarefa e em outros pontos da ação de copy.

Pense em tendências não apenas como o que o futuro indica que irá acontecer, como comportamentos que você identifica no Google, nos comentários recebidos, ou até mesmo por todos os meios de relacionamento da tua marca com os clientes.

Às vezes é possível identificar algo que vem se fortalecendo, mas ainda não é óbvio para o seu mercado, então você surfa na crista da onda e aproveita o máximo potencial da tendência.

Agora, se as pessoas não buscam, não fazem perguntas, não aparentam ter dúvida sobre o que você considera um diferencial da marca, saiba que não é esse o assunto ao qual você deve dar protagonismo numa ação de copy.

4) OS MOTIVOS POR TRÁS DOS DIFERENCIAIS DA MARCA

Por que a marca conquistou os certificados, prêmios e reconhecimentos que recebeu de instituições importantes? Por que costuma receber feedbacks positivos?

Relembre esses diferenciais para destravar as ideias e lembre-se de aproveitá-los na ação de copy como gatilhos mentais de autoridade digital.

5) O QUE INSTIGA A CURIOSIDADE

Preste atenção aos detalhes do que se destaca aos olhos da buyer persona. Mais do que isso, veja o que está em alta no Google Trends e nas redes sociais, com o objetivo de entender o que está gerando tanto interesse.

Mesmo que não seja do seu mercado, é possível que haja algum elemento criativo ou algum discurso persuasivo por trás do que está bombando. Veja muitos vídeos no YouTube, especialmente os que estão em alta no dia, pois são verdadeiras aulas de copywriting. Os títulos e as miniaturas (thumbnails) são sempre chamativos.

6) QUEBRA DE PADRÃO

Por que a marca fez isso? A surpresa foi positiva para a buyer persona?

A quebra de padrão surpreende o público, mas nem sempre para o bem. Por isso, tenha atenção e planeje bem, mas saiba que, sim, é bem interessante por vezes quebrar o padrão.

Uma forma de fazer isso é descrevendo como a concorrência atua, para, assim, destacar como a sua marca se diferencia com gatilhos de autoridade digital. Essa comparação de modos de atuação dos concorrentes e da sua marca também pode ser indireta.

Você pode detalhar, em tópicos no seu site, o *modus operandi* de outros players do seu mercado para destacar os seus diferenciais. Exemplo: "O mercado age assim, mas nós entendemos que o cliente quer isso [cite algo que você já sabe que é uma necessidade da sua buyer persona]".

A quebra de padrão também é bem útil para realizar uma ação que venda uma ideia, um posicionamento. Olha esta campanha de 1º de abril que o Burger King realizou em 2023:

COPYWRITING NA PRÁTICA

Não, eles não usam carne de minhoca.

BURGER KING — VERDADE ACIMA DA RIVALIDADE

O BK é contra tudo o que é fake.
Até fake news. Por isso, aproveitamos
o Dia da Mentira para desmentir esse
antigo boato sobre um outro restaurante.
Ao contrário do que alguns dizem,
a carne de lá é bovina.

O Burger King aproveitou o Dia da Mentira para se posicionar contra qualquer tipo de *fake news* — até mesmo as que envolvam o Mc Donald's. Então eles citaram um boato muito popular para confirmar que a carne do seu maior concorrente é bovina. O slogan foi certeiro: *A verdade acima da rivalidade.*

O buzz muitas vezes é tanto que vale cada centavo investido em mídia, fazendo com que o alcance seja muito maior do que o valor investido. Foi o caso da ação do Burger King.

Outro exemplo de quebra de paradigma no qual você pode se inspirar é o Nubank. Nesse caso, o que inspira não é uma copy em si, mas a forma como a fintech quebrou paradigmas no setor bancário.

Entre tantas inovações, uma que me surpreendeu é a possibilidade de usar o saldo em conta para abater a fatura do cartão de crédito e assim liberar limite o limite na hora. Isso é maravilhoso principalmente quando se está viajando fora do Brasil!

É algo que outros players do mercado financeiro tiveram que correr atrás para oferecer o mesmo, mostrando que a inovação trazida pelo Nubank realmente mudou o padrão da indústria.

Um atributo como esse pode ser usado como diferencial em uma Copy. Por exemplo: "Cansou de viajar e ter que esperar dias para a fatura do cartão virar e você voltar a ter limite de crédito? No Nubank você paga e libera na hora".

7) POLÊMICA SOBRE O SEU MERCADO

Não quer dizer que você sempre deva investir em polêmicas, mas ações e formatos eventuais podem chamar muita atenção quando a sua buyer persona sabe sobre o assunto que você destacou na copy e quer conhecer o ponto de vista da sua marca sobre o tema.

Atenção: cuidado se for falar a respeito de uma polêmica mais geral, especialmente sobre política, religião ou envolvendo celebridades. Não é que você não possa, mas sempre reflita se fará sentido com o posicionamento da marca e os objetivos de negócios junto à buyer persona.

8) ALGO QUE ESTÁ ACONTECENDO NO MUNDO

A lógica é parecida com a da dica anterior, mas aqui também você pode aproveitar fatos positivos e nada polêmicos. Ainda, a marca pode aproveitar algo polêmico e trabalhar um elemento da polêmica de modo indireto.

Veja este exemplo que aconteceu comigo.

Uma vez aproveitei um pronunciamento político polêmico durante a pandemia, que estava em alta. A fala aconteceu justamente quando eu estava escrevendo a copy de um e-mail para lançar um novo curso.

Então eu usei a palavra *pronunciamento* no título. Isso gerou a curiosidade das pessoas, muitas devem ter pensado: *Nossa, será que o Rafael vai falar sobre política?*

Não, apenas aproveitei uma palavra que as pessoas estavam ouvindo aos montes naquele momento e quebrei um padrão, sem afrontar ninguém, nem falar sobre posicionamento político.

Copy boa é copy que impacta com ética e, claro, que gera conversão. Para mim, essa funcionou muito bem. Não precisa ser algo grandioso, pode ser algum fato simples como a chegada da sexta-feira (o famoso "sextou"), fim de mês e grana curta, começo de mês e recebimento de salário etc.

Lembre-se: tem que fazer sentido para a buyer persona!

9) APONTAR UM PROBLEMA

Essa abordagem é muito boa, principalmente para vídeos.

Um exemplo fictício de copy para você se inspirar: cansado de postar, postar, postar conteúdo e não ter resultados nas redes sociais? Talvez você não precise de mais conteúdo, e sim de um copywriter.

10) DADOS REAIS QUE AUMENTAM O PROBLEMA

Agravar um problema — com ética e dados reais — faz a buyer persona agilizar a tomada de decisão.

Exemplo fictício: "Você sabia que 70% dos arquitetos já fecham negócios somente pelas redes sociais? Se você está aí parado, perdendo oportunidades por não estar publicando da forma correta, está na hora de fazer o curso XYZ de Marketing Digital para Arquitetos".

Dê um dado preocupante e ofereça uma solução!

COMPARTILHE EM SEUS STORIES

COPY NÃO É APENAS ESCREVER.

COPY É ESTRATÉGIA!

@TERRADORAFAEL

CAPÍTULO 12: O PERÍODO IDEAL PARA A REALIZAÇÃO DA AÇÃO DE COPYWRITING

Vamos botar a lupa nos períodos mais férteis para fazer uma ação de copy com começo, meio e fim.

Primeiro, pense aí: qual é o momento mais famoso do mundo para realizar uma ação de copywriting?

...

Você acertou: Black Friday!

Claro, algumas empresas já transformaram em Black Week ou mudaram a cor para trazer ao seu conceito de marca. Fato é que a sexta-feira após o Dia de Ação de Graças (*Thanksgiving Day* nos Estados Unidos) se trata de um período curto para a pessoa realizar a ação de comprar com muitos benefícios. É o sentimento de urgência potencializado!

É como eu costumo dizer: o timing certo resulta numa concentração de energia para o foguete decolar.

Pense num foguete decolando: ele sempre concentra muita energia no momento de iniciar a subida. É ali que a viagem vai dar certo ou não. Não é à toa que muitas explosões acontecem na decolagem ou poucos minutos após alçar voo.

No contexto de copy, isso significa que escolher o momento errado pode fazer a ação não funcionar como deveria.

Lembra que eu falei sobre gerar **um movimento de vendas**? Pois então: pessoas compram mais quando outras também estão comprando. É o sentimento de FOMO (Fear of Missing Out), de não poder ficar de fora do que todo mundo está fazendo, causado pelo comportamento de manada.

TRÊS TIPOS DE DATAS ÀS QUAIS A SUA MARCA DEVE SE APEGAR

1) DATAS COMEMORATIVAS E GENÉRICAS DO CALENDÁRIO NACIONAL

Natal, Páscoa, Dia das Mães, Dia dos Pais, Dia dos Namorados, Dia do Consumidor etc. são sempre momentos importantes para aproveitar.

Vejo muita gente que presta serviços cometer o erro de achar que datas como o Natal não servem para vender serviço. Jamais pense assim!

Isto é o que eu faço no Natal: pego os contatos que se interessaram nas minhas consultorias e cursos in-company, mas não fecharam negócio, e faço uma oferta para que a gente inicie o novo ano trabalhando juntos.

Isso funciona muito porque momentos específicos como o Natal são períodos em que as pessoas estão predispostas a gastar mais.

2) DATAS COMERCIAIS OU DE NICHO

São as datas que têm a ver com o seu negócio e que fazem sentido para a sua buyer persona. Por exemplo: Dia dos Professores, Dia da Advocacia, Dia da Engenharia.

3) CONTEXTOS

Não ser uma data amplamente conhecida não significa que não se possa vender. É nesses momentos que você precisa **contextualizar a oferta**.

São oportunidades para casar uma Big Idea e uma oferta numa ação olhando o contexto do mundo ou o seu próprio contexto. Um momento oportuno para fazer isso é o aniversário da marca.

Quando comemorei 35 anos, pensei: "Quero me dar um grande presente nesta data. Quero dar um salto instantâneo no meu faturamento".

O que eu fiz?

Dei 35% de desconto no curso que eu estava vendendo naquele momento. A oferta só valeu no dia do meu aniversário e rendeu muito, sendo que as principais conversões ocorreram com quem já tinha um vínculo comigo, mas ainda não tinha feito o curso.

Contexto a gente cria! Bote a imaginação para funcionar. Pense em fatores como clima, estações do ano, folclore, distinções da marca...

OS MELHORES MOMENTOS PARA ABRIR CARRINHO

Considerando que a ação de Copy deve durar um dia, uma semana ou até duas semanas (no caso de produtos com maior valor agregado), estes são os melhores momentos para abrir carrinho:

DIA 12 DE CADA MÊS.

Pesquisas indicam que o dia 12 é sempre ideal para iniciar uma ação de copy. Isso porque muitas pessoas recebem o salário no dia 10. Ao receber, elas aproveitam para pagar contas, entre elas o cartão de crédito, liberando limite para poder voltar a comprar.

Cuidado: evite abrir carrinho antes do dia 10. Isso porque, entre os dias 5 e 10, muita gente ainda não recebeu ou não recuperou o limite do cartão de crédito, em virtude de este período tradicionalmente ser quando os salários são pagos.

O melhor período para deixar uma ação de copy rodando é uma semana. É imbatível e por isso vou usá-lo como exemplo. Recomendo que você abra carrinho numa dessas três alternativas:

- Abre na segunda e fecha na segunda seguinte.
- Abre na terça e fecha na terça seguinte.
- Abre na quinta e fecha na quinta seguinte.

O momento de ouro mesmo é de quinta a quinta, porque é quando ocorrem as maiores taxas de abertura de e-mail marketing e de conversão de anúncios.

Mas atenção: feriado sempre é ruim. Em feriado, é menos comum abrir o e-mail, pois esse é um comportamento muito ligado à rotina de trabalho. No feriado a gente quer descansar, certo? As próprias redes sociais também perdem um pouco da atenção...

O horário também precisa ser estratégico e levar em conta onde a conversão ocorrerá. Se você vende no digital com e-commerce, termine a ação às 23h59, pois até o fim da noite estará rodando anúncios para fazer esse movimento de vendas.

Se a compra exige profissionais atendendo para ajudar os consumidores, é fundamental que você termine a ação de copy no momento em que seu expediente acabar. Tem uma loja física que fecha às 18h? Encerre a ação às 17h59.

Tem uma loja que encerra o expediente às 18h e outra que termina às 22h? Conclua a ação às 17h59 para evitar que a pessoa se desloque a uma sede onde o atendimento já encerrou.

Nada impede que a sede aberta até as 22h siga vendendo conforme ofertado na ação, mas conclua todos os anúncios para evitar que os consumidores se frustrem indo a locais já fechados.

Olha que interessante: de acordo com o E-commerce Brasil, no Brasil os usuários seguem as tendências mundiais e costumam clicar mais em anúncios às terças-feiras.

E mais: nós, brasileiros, também estamos mais propensos a comprar por anúncios em banners às quintas-feiras, quando o índice de conversão foi 117% maior em relação a domingo, considerado o pior dia para compra em e-commerce por aqui.

A maior atividade de compra foi registrada entre 14h e 16h e entre 20h e 22h, ambas com 19% de todas as conversões.

Ou seja:

- Terça é um ótimo dia para anúncios.

- Nunca abra e feche carrinho no domingo.

- Até a noite, 22h, o pessoal ainda está comprando! Por isso, você precisa fazer com que a sua mensagem chegue à noite para as pessoas também.

Conforme dados do Mercado Livre, simplesmente um dos maiores e-commerces da América Latina, Dia do Consumidor, Dia das Mães, Black Friday e Cyber Monday são as maiores datas para o e-commerce no Brasil.

Mas nada bate o Natal. É quando as pessoas estão predispostas a comprar mais. Esse período é como viajar com a família para um lugar turístico dos sonhos: com certeza você estará mais disposto a gastar!

Agora, preciso enfatizar o seguinte:

NÃO EXISTE O TIMING PERFEITO.

Feito é melhor que perfeito. Não tem como fazer no dia 12? Não tem problema. Faça no dia 13, 14, 15... Mas faça uma ação de Copy!

Conheço muita gente que resistiu demais para fazer a primeira ação de Copy. Costumo ouvir desculpas como:

Ah, Rafa, início de ano é ruim, todo mundo pensando em pagar IPTU, IPVA, material escolar...

Ah, Rafa, em fevereiro e março todo mundo só pensa em Carnaval...

Digo uma coisa: **tenha coragem para fazer o que ninguém está fazendo.**

Eu gosto muito de iniciar um novo ano com uma mensagem de motivação para aproveitar o momento em que as pessoas costumam dizer: "Neste ano vai ser diferente". "Neste ano eu vou mudar". "Neste ano eu vou crescer na carreira".

Eu uso a copy: **Comece o ano forte.** Comece o ano forte nas redes sociais.

Você pode fazer o mesmo:

- Comece o ano forte com uma casa nova.

- Comece o ano forte com seu lar renovado.

- Comece o ano forte com o curso que vai te abrir portas no mercado de trabalho.

Então o começo do ano é bom, sim, para criar ações de copy, especialmente porque muita gente acredita que, em virtude de impostos ou eventos sazonais, as pessoas não estão comprando nada. Você tem menos concorrência! Aproveite essas brechas.

E um diferencial de momentos como esses: Justamente por causa do pensamento de que ninguém está comprando, somado ao excesso de ações promocionais no fim do ano anterior, é que **menos marcas anunciam nas redes sociais**. E daí você pode pagar menos nos leilões de anúncios para aparecer mais para as pessoas certas!

COMO ABRIR CARRINHO PARA PRODUTOS DE ALTO VALOR AGREGADO

As marcas que vendem produtos de maior valor agregado, como um empreendimento imobiliário, costumam vender os imóveis por um longo período. No entanto, isso não significa que empresas com essa realidade não possam fazer ações de copywriting. Pelo contrário: devem fazer!

Nesses casos, faça microações de copy. De tempos em tempos (por exemplo, a cada três meses), faça uma ação de copy para dar uma alavancada nas vendas.

Fora dos momentos em que uma ação está acontecendo, muita gente vai ter visitado o empreendimento, visto um imóvel decorado. Então a abertura de carrinho de uma ou duas semanas pode ser o momento perfeito para aquela pessoa que já foi impactada pelo empreendimento decidir comprar.

De novo: as ações de copy servem para alavancar faturamento em curto prazo. E o pico tende a acontecer na abertura e no fechamento do carrinho.

Então, mesmo produtos com alto valor agregado devem ter suas ações de copy com começo, meio e fim, de preferência que durem de quinta a quinta.

COMPARTILHE EM SEUS STORIES

MARKETING DE CONTEÚDO É PLANTIO.

COPYWRITING É COLHEITA.

@TERRADORAFAEL

CAPÍTULO 13: GATILHOS MENTAIS

Aposto que era a este capítulo que você mais queria chegar!

Gatilhos mentais são tão importantes que são entendidos como sinônimos de copywriting. E entender o assunto faz a gente compreender também como nós mesmos agimos.

Gatilho mental é o que vai realmente fazer a copy criar uma ação. É a diferença entre passar a imagem de que a sua solução é boa e fazer a pessoa desejar adquirir a sua boa solução agora. É preciso um estímulo para a venda acontecer.

O que são gatilhos mentais? Como utilizá-los?

Exemplos para se inspirar. É tudo que você vai ver a partir de agora.

Começo com uma dica de ouro, que é simplesmente a bíblia dos gatilhos mentais: o livro *As Armas da Persuasão*, do autor Robert B. Cialdini. É praticamente onde surgiram os gatilhos mentais com foco no marketing. Até então, o assunto era abordado apenas em seu lugar de origem, que é a psicologia. A obra do Cialdini foi uma das primeiras literaturas contextualizadas para o marketing e vendas. É uma obrigação para quem quer ser um bom copywriter.

Outro muito importante para você ter em seu repertório é o livro *Gatilhos Mentais*, do autor Gustavo Ferreira. É um best-seller da DVS Editora, que lança meus livros, inclusive este que você tem em mãos. A obra é bem objetiva, curtinha e te ajuda muito a se aprofundar no assunto.

O QUE SÃO OS GATILHOS MENTAIS?

São agentes externos capazes de provocar uma reação nas pessoas e fazê-las praticar alguma ação. Em outras palavras, são estímulos que agem diretamente no cérebro e levam à ação.

Por que agentes externos? Porque podem ser anúncios, placas, vídeos... todas as informações que nos chegam de forma que nos faz agir.

Lembrando que ação não é só a compra: é também uma ação de criar consciência, de levar a buyer persona a considerar o que está sendo comunicado. Porque a compra só acontece quando o cliente abre a consciência para entender por que ele precisa do que está sendo ofertado.

Sim, o gatilho mental serve também para abertura de consciência. O sentimento é este: *Nossa, eu tenho esse problema, então eu preciso dessa solução!*

Às vezes a pessoa nem se deu conta de que tem um problema. Vejo isso muito em consultorias que eu ministro. Quem me contrata diz que não está vendendo nos últimos tempos, que houve queda no faturamento. Faço o diagnóstico da marca e percebo que tem e-commerce, mas que a empresa nunca investiu em anúncios para vender na web.

E-commerce é diferente de loja física. As lojas têm vitrines em locais onde há circulação de pessoas, então elas acabam vendo nem que seja um pouco do que você oferece.

O que eu quero dizer com esse exemplo é que a abertura de consciência nesse caso é fazer os responsáveis pela marca perceberem que a lógica entre e-commerce e loja física é diferente. Sendo assim, é essencial que se tenham campanhas de anúncios rodando para levar as pessoas para o site.

Mas como levar as pessoas a agirem? Em copywriting, os gatilhos mentais devem aproximar a buyer persona da compra. **Tem que dar match** entre dor/desejo e a oferta da sua solução com benefícios somente naquele momento da ação.

É aqui que nós vamos estudar os motivos para a pessoa comprar naquele momento. O motivo é justamente usar os gatilhos certos.

PRINCIPAIS GATILHOS MENTAIS E COMO UTILIZÁ-LOS

Existem centenas de gatilhos mentais, mas aqui vamos focar os que realmente convertem, que são comprovados inclusive na bíblia da persuasão escrita pelo autor Robert Cialdini. São gatilhos-chave que não podem faltar numa copy.

O que, com certeza, não pode faltar é este: urgência. Prazo para comprar — e o prazo está acabando.

Reforço: não pode mentir pro consumidor. Se você fala que o desconto só vale até o dia seguinte, no dia seguinte o preço precisa realmente subir.

Se você fala que só tem duas peças em estoque, assim que forem vendidas, os anúncios não podem mais vender essas peças: elas devem ser retiradas das vitrines ou do e-commerce para que o cliente veja que você estava falando a verdade, e que ele perdeu a oportunidade.

Veja quais são os gatilhos mentais que você precisa conhecer e saber aplicar!

1) COMPARAÇÃO

O ser humano se compara muito, então isso é muito efetivo quando usado em copy.

Responda a esta pergunta para saber como aplicar no seu caso: "Qual o status atual da buyer persona e como o seu produto/serviço pode levar a um novo status, que gere uma transformação e a leve para um novo modo de vida?".

O famoso "antes e depois" funciona muito com esse gatilho!

É por isso que nichos como arquitetura, estética e moda trabalham muito com essas comparações, para ver a transformação e aguçar a comparação natural que nós, seres humanos, estamos acostumados a fazer. Da mesma forma, isso gera uma percepção na buyer persona.

No caso da estética, se a pessoa mostra um antes e depois de uma sobrancelha feita, alguém pode pensar: *Nossa, essa sobrancelha é igual à minha, e olha o trabalho que essa estética fez, ficou maravilhoso!* Por ver uma situação parecida com a dela, a buyer persona já sabe que a solução da estética é capaz de tornar a sobrancelha dela mais bonita.

É muito bom trabalhar esse gatilho de comparação nas páginas de venda. Invista na abordagem em cima das dores, dos problemas e dos desejos da buyer persona.

Vou usar você como exemplo. Sim, você!

Você comprou este livro porque não sabe o que é copywriting ou porque conhece o conceito, mas agora quer aprofundar para crescer na carreira ou melhorar os resultados da sua própria marca. Após terminar a leitura, estará num novo status, conhecendo tudo sobre copy, as melhores estratégias e como criar ações efetivas com começo, meio e fim.

2) PRAZER X DOR

Pesquisas mostram que, mais do que querer felicidade ou prazer, as pessoas **não querem de forma alguma sentir dor**.

Lembra o slogan *seus problemas acabaram*, popularizado pelas Organizações Tabajara do programa humorístico *Casseta e Planeta*? É essa a vibe do gatilho mental prazer X dor. Todo mundo quer se ver livre de problemas!

É preciso entender o problema da buyer persona naquele momento, iniciar a copy destacando essa dor e daí apresentar a solução capaz de acabar com o problema.

O ponto é: entenda como dar protagonismo para a cura da dor a partir da sua solução. Procure trabalhar com algo inovador, pois assim você usa dois gatilhos de uma vez só: o da novidade e o da cura para um problema que está prejudicando a vida da buyer persona.

Citei o Quinto Andar anteriormente e agora trago um outro diferencial que entendo que a empresa trabalha muito bem. A marca percebeu que quem já colocou seu imóvel para alugar vive com dor de cabeça para conseguir receber o aluguel.

Então, eles criaram uma copy que destaca uma solução inovadora que resolve esse problema:

Pagamento Garantido: No Quinto Andar, 100% dos donos de imóveis recebem aluguel sem atraso.

3) AMOR E CONEXÃO

Não se trata de lançar uma nova marca e sair aplicando copy, e sim de trabalhar o branding e engajamento com os consumidores antes de fazer ações de Copy com começo, meio e fim.

É preciso nutrir o relacionamento com a buyer persona. Afinal, marketing de conteúdo é plantio. Copy é colheita.

Se a gente não planta, não tem o que colher. Essa é uma verdade não apenas nos negócios, mas para a vida toda. É um trabalho diário, de estar presente e por perto, sempre construindo o relacionamento.

Por isso que esse gatilho mental de amor e conexão diz: *Nós sempre vamos **comprar mais** de marcas que admiramos e com as quais nos identificamos.*

É sempre sobre admiração e identificação.

Tem uma frase que eu adoro, que é a seguinte: "O amor nasce da mesma fonte que o engajamento: a admiração". Nós só nos engajamos com aquilo que admiramos. Isso significa que nunca vamos compartilhar algo de uma marca com a qual não nos identificamos.

O que estou dizendo aqui é que, sim, você deve investir em marketing de conteúdo, em relacionamento, em inovação... Tudo o que fortaleça o vínculo emocional para que, quando realizar uma ação de copy, você tenha **pessoas sedentas para comprar da sua marca**.

A melhor coisa é criar algo que já exista uma demanda de compra. A **Tesla é a Apple dos carros**, porque os donos são fanáticos pelos seus carros. Por que esse fanatismo? Porque admiram a marca e a proposta ecológica e inovadora, além de admirar o Elon Musk.

Por falar nisso, Santa Catarina é um dos estados onde mais tem Tesla no Brasil. O motivo: também é um dos locais do país com mais startups, e os empreendedores de lá se identificam com o Elon Musk.

Independentemente do nicho, criar comunidade é essencial para alavancar o comportamento tribal. Para uma comunidade dar certo, é preciso focar o comportamento das pessoas, e jamais simplesmente o nome da marca. O que une as pessoas são as dores, os hábitos e/ou os desejos em comum.

É fato: nós queremos estar com pessoas parecidas conosco, na mesma vibe. Melhor ainda se forem pessoas ou marcas vencedoras.

4) ESCASSEZ

O meu gatilho mental preferido é o da urgência, mas o da escassez é o melhor amigo — e quando estão juntos fazem uma verdadeira festa das vendas!

Para ficar claro: **escassez tem a ver com a quantidade de itens** que você tem disponível. Podem ser também vagas ou horários na sua agenda. **Urgência tem a ver com data**, com timing, com um prazo limite para comprar com o benefício que você oferece.

Escassez tem que dar a sensação de "tive que perder para dar valor" em quem não aproveitar a oportunidade. É um sentimento comum no ramo da aviação.

Quem nunca demorou um pouco pensando se comprava uma passagem na hora ou se esperava um pouco mais para ver se o preço baixava, e no fim perdeu porque o valor ficou mais caro?

Uma grande referência em escassez é o site Booking. Por todo canto tem algum aviso dizendo que resta apenas um pequeno número de quartos disponíveis (*Restam só 3 quartos no hotel*).

Outro exemplo frequente no Booking: *Hotel X de R$ 1.300,00 por R$ 799,00. Oferta por tempo limitado*. Este o caso é de usar também o gatilho mental de comparação: como era o preço antes e como está agora na ação de copy.

Existem várias formas de usar a escassez. Veja os principais exemplos:

- Um dos que eu mais gosto é o de **exclusividade**. *Corra! Apenas 10 unidades no lançamento*. Você está dizendo que o item é exclusivo, quem não comprar agora não terá o item tão cedo.

- **Escassez de produto:** *Corra! Apenas 10 unidades no estoque.*

- **Escassez de desconto:** *Compre pagando menos! 50% de desconto **apenas** para os 10 primeiros compradores.*

- **Escassez de valor:** *Só restam 5 itens disponíveis por R$ 500,00. Depois você vai pagar R$ 2.000,00*. Você sabe que, quando mexe no bolso e a vantagem é realmente boa, a gente se mexe para comprar logo.

Quando se usa escassez de bônus ou de desconto, é muito bacana porque você pode trabalhar muito bem a oferta principalmente por e-mail. Nesses casos, vá desenvolvendo o gatilho de escassez ao longo da ação. Não faça apenas uma arte e dê por encerrado. Mande e-mails informando:

- *7 pessoas já compraram.*

- *Restam apenas 3 vagas com 50% de desconto.*

Isso faz o lead decidir ainda mais rapidamente, pois sabe que precisa correr para não perder as poucas oportunidades que restam. Você pode agregar também essa questão dos bônus para 10 primeiros ou algo ainda mais exclusivo.

Um exemplo muito bacana e que tem crescido muito no mundo todo são os imóveis assinados por montadoras de carros de luxo como Porsche, Ferrari e Aston Martin. Está se tornando comum agregar a oferta de um imóvel de luxo com um carro como bônus para os primeiros que comprarem ou para os que adquirirem os apartamentos mais caros de um empreendimento luxuoso.

Inspire-se nesses exemplos e crie um bônus escasso dentro da realidade da sua marca e dos desejos da buyer persona.

5) URGÊNCIA

O meu preferido! A urgência flerta muito com um conceito que você leu antes: *As pessoas não são no digital, elas estão.*

É por isso que as ações de copy têm começo, meio e fim: para criar urgência. Se deixar o carrinho sempre aberto, a vida da pessoa vai dar um giro por completo e ela se esquecerá de comprar.

E mais: ter um fim está diretamente ligado com o Efeito W, e é justamente a urgência um dos pilares essenciais para que haja o pico de vendas na reta final.

Está acabando. É real: pessoas estão comprando, e eu preciso correr para não ficar de fora.

Essa é a vibe deste gatilho mental!

A Shopee é imbatível na questão da urgência. Use esse e-commerce como fonte de inspiração para gatilhos mentais. A empresa faz ofertas relâmpago a cada duas horas e dá destaque para essas promoções já no topo do site.

É possível ver quais produtos estarão em oferta a cada duas horas, e isso é muito legal porque a pessoa **já se programa para comprar**. Olhe que inteligente: dessa forma, a Shopee tem vários picos de faturamento durante o dia! É uma baita sacada para quem trabalha com e-commerce de grande porte.

Goste ou não goste dos produtos, é importante ter referências como a Shopee para aprender com as melhores estratégias de copywriting.

Exemplos de aplicação do gatilho de urgência:

- **Oferta válida até o dia X às 18h.** Clássica. O dia sempre tem que estar próximo do horário.

- **Promo relâmpago!** Oferta válida por algumas horas ou, no máximo, um dia. A promo relâmpago é uma oportunidade que só é efetiva **se você realmente tem leads interessados na oferta**, então você realiza o que eu chamo de **Caixa Rápido**. Comece a ação às 8h e termine às 23h59. Ao longo do dia, vá trabalhando várias peças com gatilhos de urgência e escassez em Stories, e-mail, feed, onde você puder e tiver clientes engajados.

- **Venda por lotes.** Prática bem habitual principalmente no mercado de eventos presenciais. Por que muitas marcas fazem isso? Para ter vários momentos de divulgação com urgência. Isso sem falar que gera uma satisfação maior em quem garante a compra no 1º lote pagando menos e deixa os clientes dos outros lotes com aquele sentimento de que, na próxima oportunidade, vão precisar se organizar para comprar na melhor oferta.

Importante: quando for vender por lote, é fundamental mostrar os valores de todos os lotes. Tem muita empresa que erra nisso, colocando somente o valor do primeiro lote e mostrando o dos demais conforme o lote troca. Como a pessoa vai perceber que é mais vantajoso comprar no primeiro? Não tem como ter essa percepção, logo, não causa urgência.

- **Bônus disponível até o dia X às 23h59.** Aqui você trabalha o prazo do bônus em vez da escassez. O bônus é especialmente efetivo quando você está fazendo uma **ação ao vivo**. Anuncie numa live às 20h que quem comprar até as 23h59 da mesma noite vai ganhar um bônus compatível com a sua oferta e com o desejo/dor da buyer persona. Eu costumo fazer isso quando lanço um curso e ofereço uma mentoria ou um livro.

- **Tempo para compra.** Todo e-commerce um cronômetro para que você conclua a compra em 10 ou 15 minutos. É o tempo que o site garante aquele produto para você. Isso agiliza o processo de compra. Também é bom usar durante lives.

Exemplo de tempo para concluir a compra: convide as pessoas que estão na live para falar nos comentários que compraram. Diga que você vai ler a mensagem ou dar algum benefício a mais para quem compartilhar que comprou sua oferta. Assim, o público só terá até o fim da live para falar! **É agora ou nunca!**

6) PROVAS SOCIAIS

Você já leu bastante sobre o assunto no capítulo de autoridade digital. Mesmo assim, vamos nos aprofundar um pouco mais!

Foi-se o tempo em que fazer um elogio a si mesma era suficiente para a marca convencer alguém.

Você não é a melhor imobiliária, não vende o melhor curso, não é o melhor nisso ou naquilo... Não é ético afirmar isso sem ter um prêmio ou uma pesquisa de opinião que certifique que a sua marca ou a sua solução é a melhor. Quem atesta que a marca é a melhor é o cliente e o mercado. Tendo esse reconhecimento como prova social, você pode usar argumentos como "a melhor" ou "o melhor" na sua copy, pois alguém atesta isso.

Deixa eu te contar uma coisa que eu aposto que você não sabia: a grande maioria das premiações exigem que você pague para se inscrever, e algumas até para receber o prêmio. Pois é, elas não caem do céu!

Entretanto, isso não significa que é premiado quem paga mais ou que o prêmio precisa ser comprado, e sim que os prêmios só são concedidos para quem for atrás da oportunidade. Portanto, comece a ver quais prêmios que atestem qualidade são relevantes para o seu mercado ou para a sua região de atuação, pois isso fortalece muito a autoridade digital da marca!

Outros pontos importantes para você trabalhar bem as provas sociais:

- Além das distinções, invista em resultados que também possam ser usados como provas sociais. Pesquisa de satisfação também funciona nesse quesito. Exemplos de abordagens possíveis para a sua copy:

    - Faça o curso com 100% de aprovação dos alunos.

    - O método usado por mais de 500 grandes empresas no Brasil.

    - A solução líder do mercado automotivo em São Paulo.

- Lembre-se de que as pessoas compram de marcas conhecidas ou de marcas que ainda não conhecem, mas que são capazes de trazer provas sociais que as deixem seguras de que estão fazendo uma boa compra. Para isso, é essencial ter depoimentos e/ou videocases na página de vendas, pois são provas sociais muito efetivas e que quebram objeções.

- Tenha em mente o comportamento tribal, a turminha. Faça lives e outras ações importantes com pessoas e marcas relevantes para a sua buyer persona.

As parcerias têm que ser relevantes para a buyer persona, mas não precisam ser do mesmo nicho, e sim com segmentos que tenham alguma relação. Por exemplo: marcas do mercado imobiliário, quando vendem empreendimentos que têm como diferencial a área gourmet, convidam influenciadores e imprensa do ramo gastronômico para um jantar.

Assim, pessoas influentes conhecem o ambiente e geram um buzz espontâneo na imprensa e nas redes sociais, produzindo conteúdo gratuitamente e criando um marketing de indicação para o empreendimento.

- A mídia tradicional não está morta! É fundamental que a marca seja mostrada positivamente em jornais, TV e revistas porque esses veículos têm critérios, fazem uma curadoria para selecionar as pessoas ou empresas que aparecerão nessas mídias. **Transforme sua marca em matéria** e trabalhe isso nas redes sociais. Compartilhe o fato e não deixe a matéria somente no jornal.

Dica de ouro para aparecer na mídia: o site Dino.com.br tem parceria com grandes sites como Exame, Terra e Valor Econômico. Você cria sua matéria e ele a distribui nos portais parceiros. É uma ferramenta paga muito efetiva para aumentar a autoridade digital da empresa, principalmente no Google. Porque se a buyer persona receber um anúncio e se interessar no seu produto, mas não conhecer a marca, ela vai fazer o quê? Pesquisar no Google. Então, ela vai vê-lo em veículos importantes de mídia!

Importante: não estou dizendo para você não contratar uma assessoria de imprensa, mas saiba que em alguns momentos é possível usar esse recurso quando precisar aparecer no Google rapidamente.

7) RECIPROCIDADE

É o que eu gosto de chamar de **poupança mental**.

Pense no seu círculo de amizades. Que amiga ou amigo está sempre disponível e sabe te ouvir? Essa pessoa tem uma boa poupança mental com você.

Isso significa que, quando ela te pedir um favor, você provavelmente vai fazer o possível e o impossível para ajudar, pois a pessoa sempre te ajuda e te ouve.

Agora imagine o contrário: a amiga ou o amigo que só aparece para pedir favor. Pouco a pouco você começa a perceber a pessoa como interesseira, não é verdade? Vai dando uma gastura...

O mesmo vale para as relações entre empresas e clientes. Se só aparece na hora de vender, a marca se torna inoportuna.

Vai torrando a paciência do lead até que ele decida nunca mais comprar nada. Ou pior: fale mal de você para amigos, familiares ou até mesmo nas redes sociais e no Reclame Aqui.

Portanto, invista no gatilho de reciprocidade para não ser vista como uma marca que só se lembra do cliente na hora de vender.

O marketing de conteúdo é a principal forma de construir uma marca lembrada com uma boa poupança mental junto ao público-alvo. Entenda: quando o cliente segue a sua marca nas redes sociais é porque ele tem um objetivo em mente. Esse comportamento acontece mesmo que de forma inconsciente.

É o conteúdo consistente no digital que gera valor para a buyer persona, conectando-a aos objetivos dela. É um tijolinho pequeno todos os dias que, pouco a pouco, constrói uma ponte para aproximá-la dos seus sonhos ou afastá-la das suas dores.

Portanto, a marca precisa deixar o ego de lado para falar sobre o interesse do outro. Só é possível aumentar a poupança de reciprocidade do outro quando o interesse da pessoa é atendido.

Saiba responder a isto: quais são os interesses da buyer persona? E com quais expertises a minha marca consegue ajudar o cliente?

E mais: conteúdo útil de valor para a buyer persona gera mais engajamento, comentários, compartilhamento e, principalmente, salvamentos.

Tipos de conteúdo que mais geram reciprocidade:

- **Modelos e tutoriais práticos:** conteúdos como passo a passo, tabelas e tudo o que a pessoa possa "copiar e colar" para aplicar no próprio negócio ou dia a dia.

- **Causa forte:** conteúdos que forem posicionamento e crenças da marca que façam a buyer persona se identificar e compartilhar. As pessoas compartilham aquilo que elas não tiveram coragem ou condições de dizer.

Mas cuidado: não faça das redes sociais um grande mural com frases de pessoas famosas, pois isso enfraquece a sua própria identidade. Fale a partir do seu ponto de vista, da causa forte da sua marca para fortalecer a autoridade.

- **Explique o que a audiência não sabe:** não tenha a *síndrome do especialista*. Uma gota do seu conhecimento pode ser um oceano de sabedoria para a sua audiência, para quem não sabe o que você sabe.

Mapeie as dúvidas da buyer persona e transforme as respostas em conteúdo de diversos formatos, especialmente Reels, Shorts, TikToks e carrossel. Abra frequentemente a caixa de perguntas nos Stories e responda tanto lá quanto com conteúdo no Feed. Não deixe o conteúdo de alto valor morrer nos Stories.

- **Conteúdos que apresentam dados sobre a sua área:** isso gera compartilhamentos porque muitas vezes a audiência se identifica com o que a pesquisa está comprovando. Ou o contrário: pessoas vão compartilhar para mostrar que são exceção aos dados, como forma de tentar marcar um ponto, como quem vai contra a maioria ou que discorda de alguma afirmação que o estudo possa trazer.

Esse engajamento todo é sempre bom para gerar reciprocidade e ampliar o alcance da marca.

- **Atacar os *inimigos* em comum:** não é sobre atacar pessoas ou marcas, e sim o que está prejudicando a pessoa ou a impedindo de realizar um desejo. Por meio do conteúdo que ensina, tira dúvidas e quebra objeções, você ataca os inimigos da buyer persona.

- **Dicas rápidas de transformação:** todo mundo ama uma dica prática, melhor ainda se ela for rápida. Claro que dificilmente uma dica curta vai mudar a vida de alguém, mas lembre que a dica deve gerar valor a ponto de que a pessoa perceba que **algo mudou na vida dela**.

No mercado de moda, por exemplo, você pode pegar uma peça de roupa e montar três looks diferentes usando a mesma peça. Essa é uma dica que agrega valor de modo prático para a sua buyer persona aplicar ao dia a dia.

Assim, ela é capaz de transformar uma única roupa em looks variados. Uma mudança de percepção que, no caso, ainda pode ajudar a vender outras roupas e acessórios que compõem o look sugerido. Esse é um exemplo de pequena transformação que a audiência não sabe.

- **Antecipe tendências:** Recomendo que você faça esse tipo de conteúdo em toda a marca que trabalhar. As pessoas amam saber o que está por vir para se preparar. Isso gera uma conexão profunda e fortalece a autoridade.

Tudo o que você viu aqui no gatilho de reciprocidade faz parte de ações de marketing de conteúdo. Como você leu no início do livro, marketing de conteúdo não é copywriting, mas uma boa ação de copy depende de marketing de conteúdo antes, durante e após a ação.

Foque o conteúdo em reciprocidade durante as ações e sempre o una com a oferta. Uma ótima forma de fazer isso é com carrossel no Instagram: use cada imagem para o marketing de conteúdo e, na última foto do carrossel, traga uma chamada para ação que leve a pessoa à oferta.

Em resumo, o marketing de conteúdo durante uma ação de copywriting funciona assim:

- **Antes** é o conteúdo de relacionamento.

- **Durante** é o conteúdo casado com a ação de copy.

- **Depois** é para as pessoas não se sentirem usadas, para que não pareça que a marca só se preocupou em gerar conteúdo de valor quando estava interessada em vender algo.

8) CRENÇA

Esta é outra questão relacionada à identificação gerada na buyer persona.

A dica de ouro é: sempre "stalkeie" o seu público conforme eles compram da marca, para conhecer melhor as crenças, os hábitos e como a buyer persona se comporta. Assim, você é capaz de seguir investindo em abordagens que façam as pessoas se identificarem com as crenças e os valores da marca.

9) STORYTELLING

É muito útil contar a história de alguém que já se beneficiou por causa do que a marca vende. Dê protagonismo a quem confia em você e conte a história de transformação dos clientes.

10) NOVIDADE

Assim como as tendências, a novidade também é um grande gatilho que gera ação. Case a novidade com algo que a antecipe. Inspire-se na Apple, que sempre cria um evento grandioso para gerar a uma antecipação e trazer suas novidades, pois isso potencializa muito o gatilho.

11) AVERSÃO À PERDA

De novo: mais do que ganhar, as pessoas jamais querem perder. A melhor copy nesse sentido é fazer cálculos que comprovem que a pessoa está perdendo algo importante (como um desconto histórico) por não ter a sua solução naquele momento.

12) HUMANIZAÇÃO

É fato: nós, seres humanos, acreditamos mais em pessoas do que em logotipos.

Toda marca humanizada jamais usa fotos de bancos de imagens em ações de copy. Traga sempre pessoas reais que tenham relação com a marca, sejam pessoas da empresa ou então clientes reais.

13) COERÊNCIA

É importante ser coerente dentro e fora do mundo dos negócios, obviamente. Aqui também é válido unir a coerência com o gatilho mental de storytelling para dizer aonde você quer chegar e passar a contar o seu passo a passo até conquistar o objetivo que você colocou publicamente como meta.

Outra alternativa é recuperar algo que você disse ou fez no passado e que se mantém consistente até os dias atuais. Pode também relacionar essa estratégia com as crenças da marca.

14) BENEFÍCIOS

Este gatilho mental é muito importante, pois também faz parte da promessa em cada ação de copy.

15) PARADOXO DA ESCOLHA

Entenda isto: quando se entrega muitas opções pro cliente, ele fica perdido.

A copy é muito mais efetiva quando a marca foca em vender **um** produto ou serviço. No máximo **um combo** ou kit de produto ou serviço.

A questão aqui é e sobre **guiar a escolha do cliente**. É função da copy escolher o produto, serviço ou combo e definir como o consumidor vai ser guiado para a opção que você escolheu.

16) REFERÊNCIA

Ser referência significa receber mais indicações e, por consequência, vender mais. Quando alguém em quem a gente confia nos indica um filme ou uma série, as chances de validação são muito maiores. Afinal, você já confia em quem fez a indicação e a experiência se torna melhor, mais objetiva, porque você não precisa ficar zapeando a Netflix para encontrar algo.

Aqui entra o trabalho com influenciadores. E mais: a referência também tem relação com o paradoxo da escolha, ajudando muito a guiar o olhar para que a buyer persona não caia na cilada de ser perder sem saber o que escolher.

17) PROPÓSITO

No contexto de gatilhos mentais, o propósito não é só sobre dar um desconto, e sim ter um conceito bem definido.

Aproveite datas comemorativas como o Natal e crie um conceito com um propósito forte. Por exemplo, 10% de cada venda vai ser doada para uma instituição de caridade para que o Natal de mais pessoas seja feliz e digno.

Propósito é olhar para além do interesse econômico e focar também o que a gente deixa para a sociedade.

18) SIMPLICIDADE

O famoso menos é mais. Aqui é sobre deixar a oferta, a página de vendas e os anúncios fáceis de entender. Mais do que isso: as pessoas não gostam de comprar coisas complexas.

Então se a sua solução tiver alguma complexidade, lembre-se dos exemplos que você leu nas páginas anteriores e quebre todas as objeções antes da compra, se possível oferecendo também um suporte junto à oferta. Conteúdos tutoriais e passo a passo são superefetivos nesses casos!

19) CULPA

Sabe aquele troco que pedem para você doar quando compra na farmácia ou no supermercado para ajudar uma causa beneficente? Esse é o principal exemplo em que a abordagem gera culpa na pessoa, fazendo com que a maioria doe.

É aquela sensação de "pode ser pouco para você, mas é muito para quem não tem nada".

20) GANHO DE TEMPO

Tudo o que indica que a buyer persona vai ganhar/economizar tempo é um ótimo gatilho para a compra acontecer!

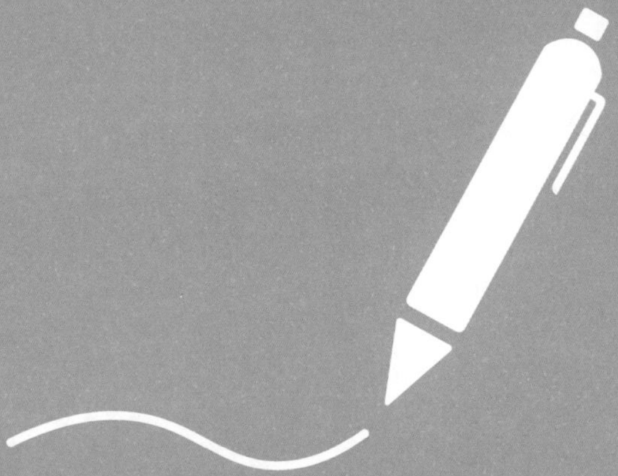

COMPARTILHE EM SEUS STORIES

COPY É SOBRE BENEFÍCIOS, GANHOS,

E NÃO SOBRE CARACTERÍSTICAS!

@TERRADORAFAEL

CAPÍTULO 14: COPYWRITING PARA PÁGINAS DE VENDAS

Eis que o funil da ação de copy se afunila a partir de agora. Prepare-se para conhecer os segredos por trás das páginas de vendas que fazem os leads se encantarem pela oferta e saiba como aplicar para a sua marca!

Agora que você já conhece bem as objeções da buyer persona, o primeiro passo é construir uma página de vendas com elementos que as quebrem. A página prestará um serviço de atendimento sem ter um atendente ali: é como se o lead estivesse acompanhado por um vendedor o persuadindo a comprar agora, conforme a pessoa navega.

Como a página de vendas faz isso?

Dando protagonismo apenas ao que está sendo ofertado no momento e com textos, artes, vídeos e/ou depoimentos que não permitam que as objeções das pessoas durem mais que alguns segundos.

Lembre-se: jamais faça uma ação de copy que leve os leads para o site inteiro ou para uma página que mostre vários produtos. Foco é tudo numa ação de copy bem-sucedida, pois é ele quem direciona o olhar da buyer persona!

Por falar em foco, recomendo que você leia o livro *A Única Coisa*, do autor Gary W. Keller. Ele mostra na prática como a gente cresce mais quando foca em algo específico. Os ensinamentos do Gary ajudam a entender como focar e valem tanto para copywriting como para gestão de negócios em geral!

Jamais construa uma página de vendas sem considerar estes três fatores:

1. Foco em um produto ou serviço.

2. Mais de um produto ou serviço só podem ser vendidos como um combo com soluções que se complementam entre si.

3. Exceção aos fatores anteriores são em datas com grande apelo comercial, como Black Friday e Cyber Monday, ou que façam muito sentido para o seu mercado. Nesses casos, construa uma página temática com soluções selecionadas oferecidas com as melhores ofertas. É uma seleção um pouco mais ampla, mas com foco na oportunidade de a pessoa aproveitar o grande benefício que sua marca está oferecendo naquele momento.

PÁGINA DE VENDAS SOZINHA NÃO FAZ NADA

Uma página de vendas é como um terreno que você compra para construir algo. No offline, se você construir uma loja num terreno em que ninguém passa, você não vai ter movimento e, por consequência, não vai vender.

A página de vendas no digital segue a mesma lógica. Sozinha ela não vai atrair visitantes, nem fazer milagres. Reflita comigo: por que o aluguel nos shoppings mais bombados costuma ser mais caro? Porque tem tráfego de pessoas!

Se o shopping é antigo, pouco atraente ou mal localizado, menos pessoas vão visitar. Menos pessoas passeando no local significa menos pessoas passando em frente a uma loja. Logo, menos vendas vão acontecer.

O mesmo vale para a venda em canais digitais. Não adianta ter uma página de vendas que use as melhores práticas se a ação de copy não contar com uma boa estratégia de anúncios para levar as pessoas certas até a oferta. Tenha isso em mente na hora de argumentar com um cliente, para que ele esteja ciente de que **a copy faz parte de um grande conjunto de ações que geram vendas**.

Outro ponto importante sobre a atuação conjunta de copywriting e tráfego pago: de acordo com o estudo Conversion Benchmark Report, da empresa Unbounce, a taxa média de conversão das páginas de venda é de 4,2%. Ou seja, a cada 100 pessoas que chegam na página, 4 pessoas realmente compram. Não estranhe: **essa média, na verdade, é muito boa!**

Se você atrair 100 pessoas certas, com uma segmentação bem feita conforme o perfil da sua buyer persona, e 4 comprarem, isso já pode representar um grande ganho, dependendo do preço do produto ou serviço comprado.

Mas vamos olhar para além da conversão: você ainda tem 96 pessoas certas que chegaram a um ótimo ponto de contato com a tua marca e conheceram mais do que você vende.

Acima de tudo, o importante desse dado é: perceba a importância do tráfego pago para atrair centenas ou milhares de pessoas certas. Se você atrai poucas, somente 100, você basicamente tem 4 chances reais de conversão.

Os anúncios do tráfego pago são essenciais para que as pessoas certas cheguem à sua página de vendas e, assim, um volume maior de conversão aconteça. Mas como a ação de copy tem começo, meio e fim, a página de vendas acaba tendo uma vida curta. Então um ponto que você pode trabalhar é Search Engine Optimization (SEO) ao construí-la.

SEO é a otimização da página para ser bem ranqueada na busca orgânica no Google. Isso é importante porque ela vai ser encontrada por pessoas que estão procurando no Google a solução que a sua marca oferece. É uma busca com intenção de compra, então você aparece para um lead que já nasce quente!

Construa a página trazendo o nome da marca no título do site junto ao que você faz e onde você faz. No caso de e-commerce que vende para todo o Brasil, uma boa alternativa é aliar a geolocalização a um benefício. Por exemplo: *Nome da Marca — Frete grátis para todo o Brasil em compras acima de R$ 250.*

O ponto é: no período que você fizer a ação, a página de vendas também pode ser acessada por meio de tráfego orgânico no Google. Para isso, você precisa ter um site com carregamento rápido, com boa usabilidade e com o conteúdo pensado nas palavras-chave que a buyer persona já está buscando no Google para conhecer (e comprar) seu produto ou serviço.

9 PASSOS PARA CRIAR UMA ESTRUTURA DE COPY VENDEDORA

Selecionei estruturas de copy para que você se inspire e aplique ao fazer uma ação de vendas. As estruturas são modelos validados que o mundo inteiro utiliza para criar anúncios, páginas de vendas e e-mail marketing.

Considere as informações como uma timeline que formará o "esqueleto" da página.

1º passo: o topo da página, área também conhecida como *hero page* ou *primeiro scroll do mouse*, é onde aparece a primeira informação que os usuários verão sem rolar nada da tela. É um espaço nobre onde você deve mostrar com grande destaque a verdadeira promessa. **A pessoa tem que ver de cara a promessa da marca.**

Mais importante do que ver nome é ver a promessa. Lembre-se da fórmula para montar essa parte: Big Idea + Promessa + Gatilho Mental + Botão de Ação (CTA).

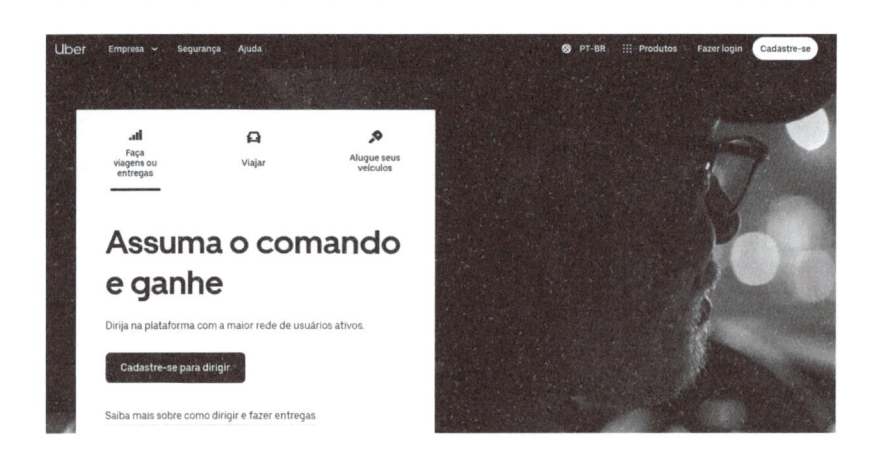

Neste exemplo da Uber, a fórmula está aplicada da seguinte forma:

Big Idea = Assuma o comando

Promessa = Ganhe

Gatilho Mental de Autoridade = Dirija na plataforma com a maior rede de usuários ativos

CTA = Cadastre-se para dirigir

Aposte na dor que a solução resolve, no benefício que você entrega ou no sonho que você realiza, e não nas características do produto. A página de vendas tem um local específico para abordar as características, mas ainda não é o momento. Aqui o foco deve ser no que persuade a buyer persona a fazer a ação que você quer.

Importante: o botão de ação sempre deve estar já na abertura da página. A pessoa não pode precisar rolar nada para já ver a chamada: tem que ser direto!

∿∿ **COPYWRITING NA PRÁTICA** ∿∿

Veja que, mesmo no acesso pelo celular, todas essas informações já estão visíveis antes mesmo de rolar a página.

2º passo: informe o valor na sequência do CTA e, principalmente, use um gatilho de urgência e uma garantia. Destaque que a pessoa precisa comprar naquele momento para aproveitar a oferta. **O pulo do gato está em oferecer a garantia**, porque a pessoa se sente segura para comprar.

Deixe o maior preço riscado (de ~~tanto~~ por tanto) e dê protagonismo para o menor valor, seja entrada ou prestação.

Neste exemplo de oferta da Amazon, estão presentes todos os elementos que mencionei:

- Desconto (30%) e menor valor à vista como protagonistas.

- Valor anterior sem desconto em tamanho menor e riscado.

- Facilidade de pagar parcelado logo a seguir, com o menor valor em evidência por ser o parcelamento mais longo (10x).

- Distintivos para mostrar que existem recursos que garantem que a compra é segura, que a entrega é feita pela Amazon, e que existe uma política que permite que o cliente devolva o produto.

Outra opção muito efetiva é atrelar um bônus à oferta. Faça uma continha para a pessoa perceber que o que você está agregando à oferta custa dinheiro fora dela.

Por exemplo: Comprando o curso X, você ganha também o curso Y, de ~~R$ 500,00~~ por R$ 0,00, como bônus nessa oferta válida até amanhã.

3º passo: agora é a hora de focar nas características e benefícios além do que o combo Big Idea + Promessa já destacou.

Se a sua solução resolve mais de uma dor ou realiza mais de um sonho, aqui é o momento de falar mais sobre essas dores ou esses sonhos menores, digamos assim. Lembre-se de que a abordagem deve ser centrada na buyer persona, não no que você está vendendo.

Funciona assim: lendo este livro de copywriting até o fim, você vai dominar a arte de vender mais usando os gatilhos mentais certos em uma ação com começo, meio e fim. Em outras palavras: Não sou eu que estou te ensinando aqui neste livro, é você que está aprendendo.

Entende? Protagonismo para quem compra!

Transforme os benefícios em lista ou ícones para tornar a leitura escaneável. Não faça um longo texto, e sim facilite a visualização em pequenos drops de informação.

4º passo: aproxime o produto ou serviço da realidade do público-alvo. As pessoas certas precisam se ver ali na oferta! Um exemplo pessoal de como eu vendo cursos na Web seguindo este passo:

Eu uso depoimentos principalmente de pessoas do mercado imobiliário, do mercado da comunicação e de empresários em geral. Estes são os principais públicos que compram meus cursos em páginas de vendas; é para essas personas que eu segmento meus anúncios.

Quando pessoas desses perfis chegam à página de vendas, elas percebem que existem colegas de profissão ou da área de atuação que compraram e aprovaram meu curso. Então elas pensam: isso é para mim também!

E isso você traz à página de vendas com depoimentos das pessoas certas. Lembre-se de que a tendência do ser humano é sempre acreditar mais em pessoas do que em empresas.

Por isso que, quando vemos uma pessoa falando bem de uma marca, isso já gera um impacto. E o impacto é ainda mais forte se houver identificação com quem indicou a marca, como ambos terem a mesma profissão/cargo.

Se a sua marca ainda não tem muitos depoimentos, uma boa alternativa é investir em influenciadores. Isso pode ser muito efetivo para que seja gerada essa conexão entre marca e público, pois os influenciadores servem como uma ponte pela qual a buyer persona vai se aproximar.

Há um tempo, isso acontecia por meio do garoto ou da garota-propaganda. Lembra-se do Tio da Sukita ou do Carlos Moreno da Bombril? O objetivo sempre foi gerar uma identificação do público com a marca.

Outra alternativa é usar fotos (autorais, não de banco de imagens) que aproximem os leads ao lifestyle que a marca proporciona para quem compra.

5º passo: mostre quem o público diz que a tua marca é. Aqui é o jogo de evidenciar a autoridade digital usando as melhores provas sociais que você tiver na manga.

Tenha em mente que a intenção é chegar às pessoas que querem o seu produto ou serviço, mas não conhecem a sua marca ou nunca compraram de você. Portanto, conte quem é a marca, há quanto tempo está no mercado, quantos clientes já atendeu, o que os clientes falam sobre você, quais prêmios e reconhecimentos você já conquistou.

Fotos são muito importantes nesta parte da página de vendas! Combine fotos com a legenda escrita sobre a foto. Eu uso uma montagem minha com quatro fotos para mostrar a quem não me conhece que eu:

- Já palestrei no RD Summit, maior evento de marketing digital do Brasil.

- Já palestrei no Gramado Summit, maior evento de inovação do Sul do Brasil.

- Já palestrei no Locaweb Digital Conference, cuja edição em que eu palestrei foi apresentada pelo ator global Luigi Baricelli — o fato de uma celebridade ter sido host pode me ajudar a aproximar do público que não me conhece.

- Eu segurando meu livro *Instagram Marketing*. Assim eu mostro que eu tenho livros publicados.

Portanto, pense: como eu vou aproximar a minha marca de elementos conhecidos pela minha buyer persona?

Ícones e infografia também são importantes para gerar essa aproximação. A marca tem 25 anos? Use o número 25 em destaque. Ganhou vários prêmios? Use um ícone ou desenho de troféu junto a essa informação.

Tudo isso gera confiança!

6º passo: crie uma seção dedica a quebrar **todas as objeções** da buyer persona. Aqui é o momento de a página trazer as dúvidas frequentes (FAQ) junto com as respostas, que devem ser escritas para serem facilmente encontradas no Google, mas melhor ainda se também forem respondidas em vídeo.

Aproveite a oportunidade para realmente responder às dúvidas que mais aparecem no dia a dia de vendas. Deixe mais acima dessa seção as perguntas que mais são feitas. Afunile das objeções mais frequentes às que menos aparecem.

Nada de achismos na montagem dessa parte da página!

7º passo: embora não tenha um vendedor atuando ali ao vivo, a página precisa, sim, ter um botão de contato, preferencialmente para que o atendimento ocorra via WhatsApp. Traga esse botão perto das objeções.

8º passo: use mais um CTA. Traga-o próximo a uma lembrança da sua promessa, agora escrita de outra forma, preferencialmente focando quebrar alguma objeção que por ventura a sua promessa não tenha quebrado.

9º passo: finalize com mais um gatilho de autoridade e informe todos os contatos sobre a marca.

- Sua marca foi pauta na mídia?

- Você foi entrevistado por algum grande veículo de comunicação?

Aproveite o espaço para usar elementos como esses para reforçar a autoridade. Isso valida ainda mais o que você está falando.

Mostrar contatos e informações como endereço e CNPJ também reforça a credibilidade da marca porque mostra que realmente se trata de uma empresa. Isso pode valer também para registros profissionais, como inscrição em conselhos.

FAÇA TUDO ISSO DE MODO ESCANEÁVEL

Nunca se esqueça da escaneabilidade. É a ciência do marketing que indica ao que mais prestamos atenção numa página e a forma como lemos.

Estes são fatores importantes para melhorar a escaneabilidade dos seus textos de copy e das páginas de vendas:

- Use tópicos. Nunca trabalhe com textão.

- Escreva parágrafos curtos, com no máximo duas linhas.

- Selecione algumas palavras ou frases para destacar em **negrito** ou CAIXA-ALTA (maiúsculas).

- Use as imagens certas para a buyer persona. Isso também é copywriting.

- Legende fotos. Coloque texto sobre a imagem assim como eu fiz no exemplo que citei do meu mosaico de fotos. Use uma legenda que destaque um benefício e/ou fortaleça a autoridade, como fiz no meu caso com ambos gatilhos.

- Use ícones. Tudo o que puder trazer com emojis ou infografia facilitará a compreensão das pessoas. Se você vir um troféu e um número 5, saberá que a marca venceu 5 vezes um prêmio. Traga o ícone junto de informações impactantes.

- Desenvolva o conteúdo em listas.

SIGA A FÓRMULA PVPA

A fórmula PVPA é uma das mais populares dentro da área de copywriting. Isso porque ela é efetiva ao mostrar exatamente qual é a dor da buyer persona e como a marca pode resolvê-la.

Inspire-se na fórmula PVPA ao criar páginas de vendas.

PROBLEMA

VANTAGENS (POR QUE RESOLVER AGORA O PROBLEMA)

PROVA (COMO VOCÊ RESOLVE O PROBLEMA DA BUYER PERSONA)

AÇÃO (O QUE FAZER PARA RESOLVER)

Ou seja, para aplicar essa fórmula, você tem que:

1. Mostrar para o lead que a marca entende sobre os problemas que ele está passando.

2. Mostrar as vantagens que a pessoa vai ter ao resolver os problemas. Sabe a pia cheia de louças sujas que, se você não lava na hora, acaba acumulando e vira um caos? É assim com todos os problemas na vida: tem que resolver na hora, senão acumula e piora. Aqui entram as vantagens para que a pessoa decida agir para resolver a situação no momento da oferta.

3. Comprove que você já resolveu os problemas de outros clientes. Ou seja, você não começou ontem. Sua marca tem história e expertise.

4. Fale de que forma você vai ajudar o lead a resolver a questão. É o CTA para que a pessoa resolva agora.

A fórmula PVPA pode ser usada também para anúncios e e-mail marketing — veremos isso em detalhes logo mais.

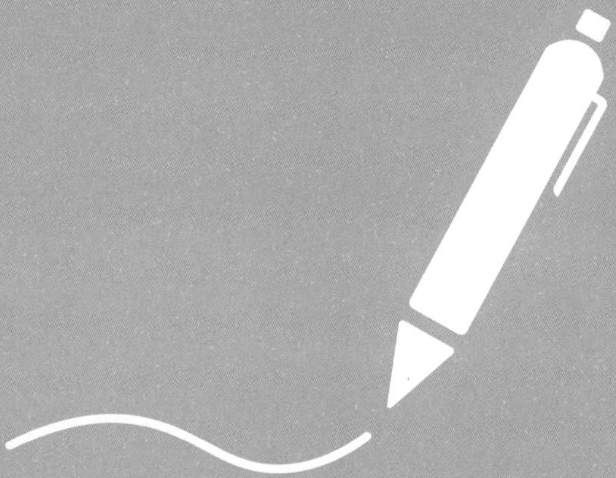

COMPARTILHE EM SEUS STORIES

AS PESSOAS COMPRAM MAIS QUANDO SE SENTEM SEGURAS!

NÃO ESCONDA A GARANTIA.

DÊ PROTAGONISMO PARA A GARANTIA!

@TERRADORAFAEL

CAPÍTULO 15: COMO TRABALHAR O CTA NAS PÁGINAS DE VENDAS

Botões de chamada para a ação são essenciais para a estratégia de Copywriting. Disso você já sabe. Mas e aí, será que quanto mais CTA tiver numa página de vendas, mais conversão ela irá gerar?

A história não é bem assim. Obviamente você precisa ter ao menos um botão de CTA. Esse é o mínimo. O ideal é ter dois. E o máximo recomendado é três. Mais do que isso fica muito poluído.

Importantíssimo: o protagonismo sempre precisa ser do primeiro CTA. O interesse da página de vendas precisa ser fisgado já no topo do site, sem que a pessoa role a tela. Caso contrário, ela nem verá os outros CTAs.

Tenha em mente que o CTA deve fazer a pessoa sentir que tem posse de algo imediatamente, mesmo que ainda vá esperar um tempo de entrega. Lembre-se do exemplo dos mercados imobiliários e turísticos, em que palavras como *reserve agora* são fundamentais para que a pessoa perceba que garantiu algo.

Veja alguns exemplos:

E-BOOK GRATUITO: TENHA ACESSO AGORA MESMO

CURSO ONLINE: INICIE JÁ AS AULAS

Em alguns casos é importante que o CTA já tenha até o prazo para a entrega. Assim você já aproxima a pessoa da conquista dela. Por exemplo:

COMPRE AGORA E RECEBA EM ATÉ 3 DIAS ÚTEIS

COPYWRITING NA PRÁTICA

Como você deseja que a buyer persona aja, é fundamental usar verbos no imperativo ou no infinitivo para estimulá-las a agir agora. Fuja dos verbos comuns!

Permita-me te dar um spoiler agora sobre o que você vai ver com mais detalhes no capítulo sobre anúncios: **não use COMPRE AGORA como CTA.**

SAIBA MAIS é uma chamada para ação mais efetiva. Porque *saiba mais* não é tão agressivo, não dá a impressão de que a pessoa automaticamente passa o cartão assim que acessar o anúncio. O "saiba mais" é objetivo, porém sutil. Isso é fugir de verbos comuns!

Agora, voltemos à composição ideal para uma página de vendas.

Use os verbos sempre próximos do gatilho de urgência, que devem trazer números ou datas para mostrar que o tempo está acabando.

- Saiba mais — 2 últimos produtos disponíveis.

- Saiba mais — Último dia do produto com desconto.

- Saiba mais — Oferta válida por 4h25min03s *(use um contador que vá reduzindo o período conforme o tempo passa).*

- Saiba mais — Garanta esse valor até a *data X.*

Apresente valores que evidenciem os benefícios. Aproximar o CTA de um preço baixo aumenta a efetividade. Pense também em como tornar palpável a sensação de acesso imediato ao benefício.

Veja alguns exemplos:

- Garanta o acesso à plataforma X — Apenas 12x de R$ 30,00.

- Reserve seu imóvel imediatamente sem custos.

- Clique aqui e inicie as aulas imediatamente.

Veja que o *imediatamente* funciona tanto para algo a que a pessoa já tem acesso, como também dá a sensação de posse de algo que ela está prestes a reservar e a qual terá acesso no futuro.

UM BOM DESIGN POTENCIALIZA OS RESULTADOS

É fundamental saber trabalhar bem **as cores** para chamar atenção e gerar interesse desde o topo da página de vendas. Os botões de ação devem aplicar os conceitos de psicologia das cores.

Trata-se de uma verdadeira ciência que estabeleceu convenções para o copywriting, e as três cores que mais geram conversões em botões são: **laranja, vermelho e verde.**

- Laranja é muito usado para e-commerce.

COPYWRITING NA PRÁTICA

- Vermelho é mais indicado para gatilho de urgência e realce de benefícios.

Frete Grátis

Smart TV 43" UHD 4K Samsung 43AU7700, Processador Crystal 4K, Tela sem limites, Alexa built in, Controle Único
(Cód. Item 55021995) Outros produtos Samsung

R$ 2.699,00
R$ 1.994,05 -26%
5% de desconto Exclusivo Pix ver parcelamento
ECONOMIA DE R$ 704,95

Comprar

Retira Rápido

R$ 2.099,00
ou até 10x de R$209,90 sem juros no Cartão de Crédito

R$ 1.994,05 - 5% de desconto
Exclusivo Pix

- Verde é mais sutil, muito usado em soluções relacionadas à educação e serviços.

Cursos de Empreendedorismo online
Explore estes cursos de Empreendedorismo e descubra o que te fascina.

Comece de graça

Essas são as três cores que mais funcionam. No entanto, fique livre para experimentar outras. O importante é que os usuários consigam perceber facilmente que se trata de um botão.

Um botão preto aplicado sobre um fundo preto não chama atenção nem parece ser um botão, portanto não será uma efetiva chamada para ação. Então sempre pense em algo que gere contraste e destaque os botões.

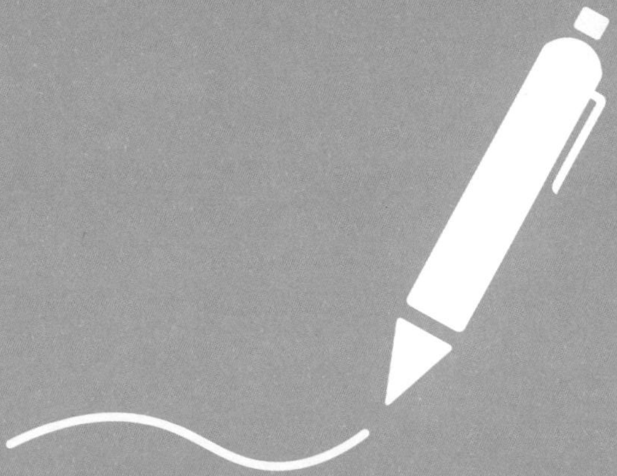

COMPARTILHE EM SEUS STORIES

TIRAR LEITE DE PEDRA? PEDRA NÃO DÁ LEITE!

ENGAJE GENTE ENGAJADA, SEMPRE!

@TERRADORAFAEL

CAPÍTULO 16: A IMPORTÂNCIA DA PÁGINA DE OBRIGADO E DICAS DE FERRAMENTAS

As páginas de obrigado são um pouco esquecidas, mas essenciais para levar o cliente ao próximo nível junto à marca. Acredite: uma página de obrigado bem feita tem muito valor e pode trazer muitos frutos!

Por que é tão importante?

Imagine que você fez uma ação de copy em que ofereceu uma imersão em algo durante uma semana especial. Os leads deixaram os próprios e-mails, mas isso não é garantia de que receberão suas mensagens.

A página de obrigado é uma forma de manter contato logo após a venda, acabando com o risco de o cliente não ter notícias suas após comprar. Ou seja, é praticamente uma garantia de que a pessoa verá o seu agradecimento e terá um primeiro contato pós-venda.

Mas o que escrever nessa página? Recomendo considerar estes quatro elementos:

1. Se é venda de produto, já convide a pessoa para avaliar no Reclame Aqui ou no seu próprio e-commerce após ela usar o produto.

Agradecemos por comprar o produto X! Avalie o produto após recebê-lo nos próximos dias e ganhe 15% de desconto na próxima compra.

2. Se for o caso de uma página após o lead assistir a um webinar ou participar de uma imersão gratuita, faça um convite para que ela siga a marca na rede social em que for mais ativa ou na qual queira crescer mais a base de seguidores.

Obrigado por conferir o Webinar X! Que tal seguir aprendendo com os conteúdos que publicamos no Instagram?

3. Leve a pessoa a um grupo de WhatsApp. WhatsApp é mais assertivo que o e-mail, então pense num bom motivo para que a audiência se junte ao seu grupo. Ter tanto o e-mail como o número de WhatsApp é muito importante para segmentação de anúncios ou até mesmo para o pós-venda.

Fulana, o material do Webinar X vai ser liberado somente para membros do grupo no WhatsApp. Clique aqui para fazer parte e garantir o seu.

4. Para serviços, levar para um vídeo é bastante efetivo. Pode ser um vídeo de agradecimento pedindo avaliação ou marcação em redes sociais para gerar depoimentos.

Lembre-se: engaje gente engajada. Página de obrigado tem tudo a ver, pois a pessoa já está engajada. Aprofunde ainda mais o relacionamento com o lead. Isso é muito poderoso!

FERRAMENTAS PARA CRIAR UMA BOA PÁGINA DE AGRADECIMENTO

Recomendo que você contrate profissionais de desenvolvimento web e designers para extrair ao máximo de cada ação. Mas se não for o seu caso no momento, saiba que existem ferramentas que facilitam o processo de colocar uma página no ar

Atenção: a ferramenta de construção de página tem que estar conectada com os seus e-mails. Por isso é importante contratar uma ferramenta paga completa, como **LeadLovers**, **RD Station**, **ActiveCampaign**, **HubSpot** e **Unbounce**.

Além de construir landing pages e páginas de agradecimento, elas estarão conectadas ao seu site e ao seu servidor de e-mails. Então cada campanha tem a própria segmentação para organizar o fluxo de vendas de cada uma. Isso é essencial para fazer automações efetivas que acompanhem os leads na jornada de compra e no relacionamento com a marca.

Outras ferramentas que podem ser usadas para construção de páginas e agregarem integrações para automação são WordPress e Wix. Já tive restrições com o Wix, mas o serviço melhorou bastante e hoje é bem mais fácil de otimizar no Google. O importante, obviamente, é que a página tenha uma boa copy e um bom design.

COMPARTILHE EM SEUS STORIES

O AMOR NASCE DA MESMA FONTE DO ENGAJAMENTO: A ADMIRAÇÃO!

E SÓ NOS ENGAJAMOS COM AQUILO QUE ADMIRAMOS!

@TERRADORAFAEL

CAPÍTULO 17: COPYWRITING PARA E-MAIL MARKETING

Inicio este capítulo reforçando algo bem importante que, às vezes, pode cair no esquecimento: **o número do faturamento é proporcional ao número de leads.**

Isso porque os leads mais quentes estão no e-mail. Não é à toa que seja a ferramenta que mais gera retorno sobre investimento (ROI). É onde a gente lucra mais!

Então, é muito importante aplicar as melhores práticas de copywriting nesse ambiente, para manter bons relacionamentos com os leads e colher os melhores frutos a cada ação de copy!

O e-mail marketing flerta muito com a questão de engajar gente engajada. Antes mesmo de iniciar uma ação, é preciso entender que seus esforços por e-mail precisam ser dirigidos para quem tem interesse na oferta, senão vira spam.

Nunca se esqueça disto:

- Ou você já tem um banco de leads aquecidos que construiu fazendo ações de marketing de conteúdo, webinars e masterclass, a partir das quais as pessoas concordaram em fornecer e-mail delas;

- ou você tem que criar esse banco de leads.

Nada de comprar listas de contatos: a ação não vai funcionar simplesmente mandando uma oferta para uma base não qualificada. Além de não vender nada fazendo isso, seu servidor de e-mails ficará em uma lista de spammers nos serviços de e-mail. E o pior: as pessoas vão pegar ranço da marca. Por isso é fundamental criar ações que estimulem as pessoas a deixarem seus e-mails.

A pergunta de milhões é: o que você vai dar em troca para receber a oportunidade de ter a sua mensagem direto na caixa de entrada da buyer persona? Se a marca já tem uma base engajada, ela tem um grande poder capaz de vender muito para essas pessoas.

Imagine o seguinte:

Vamos supor que você fez uma ação que gerou 5.000 leads. Se você vender qualquer coisa para todas essas 5.000 pessoas, a marca fica milionária. Talvez até bilionária, dependendo do que for!

Mas sabemos que esse não é o caso, pois as taxas se afunilam — por isso é chamado funil de vendas. Até aqui, o cenário hipotético foi para guiar a conversa para que você não se frustre achando que vai vender para 100% da base de e-mails.

Então imagine um cenário mais realista: você vende para 100 pessoas da base de 5.000. Ainda restam 4.900 que demonstraram interesse na sua solução.

Não significa que você perdeu 4.900 oportunidades, e sim que você tem 4.900 oportunidades de futuramente dar um novo bom motivo para elas comprarem. Por isso que você está estudando copywriting!

Sabia que atualmente a taxa média de abertura de e-mails no Brasil é de 7%? Por isso que o volume de leads aquecidos é muito importante: se você só tiver 100 contatos, somente 7 pessoas vão abrir a mensagem. E se elas não forem previamente engajadas, as chances de compra são quase nulas.

E-MAIL MARKETING NÃO PODE SER BUROCRÁTICO

É preciso ter sacadas que vão além do nome do que você está vendendo. Trabalhe atributos, benefícios, tudo o que realmente vai fazer a pessoa abrir a mensagem e agir conforme os seus objetivos de negócios.

- Guarde bem isto: o título dos e-mails sempre deve ser persuasivo, não informativo. Nada de mandar e-mail com assunto *Newsletter #50*, *Informativo nº 62*... Isso não agrega nada, nem gera interesse; esse tempo já passou!

- **Priorize criar títulos persuasivos com até 50 caracteres.** Esse é o limite para que a mensagem seja exibida completa no celular, por onde as pessoas mais acessam e-mails. Pode usar mais, no máximo 75 caracteres, mas será melhor se conseguir ser objetivo até 50.

- Outro ponto importante: não se comunique com os leads usando e-mails como *naoresponda@suamarca.com.br*. Isso começa muito mal o relacionamento! Afinal, você já está dizendo para a pessoa não responder, não se engajar.

- Evite ser genérico nas mensagens. Opte por uma pessoa real assinar os e-mails. **Quanto mais personalização, melhor**. Isso também tem a ver com a forma como você chama o seu cliente. As ferramentas de e-mail marketing e automação oferecem recursos para que você **chame a pessoa pelo nome dela** nas mensagens. Pense nisso, pois mostra um cuidado de comunicação.

- E-mails escritos funcionam muito bem, pois tudo que é somente escrito tem mais chances de chegar para os destinatários. Jamais envie mensagens com uma grande imagem em JPG ou PNG. Escreva tudo somente em texto ou então use códigos HTML com imagens para criar um e-mail visualmente mais atrativo.

- Envie e-mails nos melhores horários. Ler e-mail ainda está muito relacionado a trabalho, e os usuários veem com uma comunicação mais séria no dia a dia. Então, priorize enviar mensagens nos horários comerciais, especialmente às 9h e às 14h. Pesquisa da HubSpot mostra que terça e quinta-feira são os melhores dias para elevar as taxas de abertura.

Lembre-se: tudo o que você leu sobre gatilhos mentais e leitura escaneada também vale para e-mail marketing.

A.I.D.A.

O método A.I.D.A. é fundamental para o sucesso de ações de copy via e-mail marketing, pois evita que tanto o copywriter quanto o lead fiquem dispersos. Essa abordagem se baseia em quatro pilares:

ATENÇÃO

INTERESSE

DESEJO

AÇÃO

Toda vez que for escrever um e-mail de copy, você deve se basear nesses quatro pilares.

Atenção: o e-mail deve fisgar a atenção desde o título e aguçar o interesse já no primeiro parágrafo, com uma abordagem persuasiva. Essas duas áreas do e-mail são tudo ou nada, pois é quando a pessoa vai decidir se abre o e-mail e se lerá até o fim.

Imagine que você está vendendo apartamentos com vista magnífica em um novo empreendimento imobiliário. Veja estes dois exemplos:

CONHEÇA A MELHOR VISTA DE SÃO PAULO

CONHEÇA O NOVO EMPREENDIMENTO XYZ EM SÃO PAULO

Qual desses mais chama atenção?

O primeiro, pois fisga a atenção com um benefício já no título. O segundo exemplo é meramente informativo, priorizando falar o nome do empreendimento, e não o seu maior atrativo.

Interesse: atenção e interesse estão diretamente ligados no e-mail marketing. Sendo assim, o título e o primeiro parágrafo precisam conversar entre si.

No primeiro parágrafo, você vai desenvolver o que usou para chamar atenção no título. Conte o que é o produto ou serviço explorando benefícios e diferenciais de modo persuasivo.

Desejo: você chamou atenção e despertou interesse, mas fazer o lead ficar interessado é diferente de fazê-lo desejar a oferta. A função de despertar desejo é dos gatilhos mentais.

O lead gostou da oferta? Pois ele que fique esperto e garanta logo, pois só tem duas unidades com essa vista. E nessa semana ele ainda garante o imóvel com entrada facilitada.

Use gatilhos mentais, especialmente urgência e escassez, para que a compra com benefícios aconteça o mais rápido possível.

Ação: é o momento de o CTA pegar o lead pela mão e levá-lo para realizar a compra ou conversar com o vendedor.

O DIFERENTE SERVE PARA QUEBRAR REGRAS

Apostar em algo diferente ou estranho ao contexto em questão é fundamental para chamar atenção e gerar interesse. Essa abordagem também é interessante para quebrar um pouco da estrutura do método A.I.D.A.

Nesse sentido, um dos meus cases favoritos de uso do método do A.I.D.A. levemente alterado foi quando aproximei o escritor Mario Quintana da minha Big Idea. À época, eu estava vendendo uma imersão de branding digital.

Então enviei um e-mail com o título *Aprenda isso sobre digital com o escritor Mario Quintana*.

O resultado: Conquistei uma **taxa de abertura de 42%**, muito além dos 7% de média nacional! Veja como desenvolvi a mensagem completa:

Bom dia! O escritor Mario Quintana certa vez escreveu: O segredo é não correr atrás das borboletas. É cuidar do jardim para que elas venham até você.

Esse foi o primeiro parágrafo. Chamei atenção no título e depois desenvolvi o interesse, mas ainda deixando no ar o que estava vendendo. Somente nos parágrafos seguintes comecei a falar sobre o digital, mas com foco em estressar mais o problema da buyer persona antes de fazer a oferta.

Então isso vale também para o digital. Muitas empresas e profissionais querem vender e vender, mas em nenhum momento arrumam a sua casa na web, seu posicionamento. Daí o que acontece: nada.

Você não vende porque não gera confiança e admiração na mente do seu cliente. Por isso branding digital tem que vir antes do marketing digital.

Gerei interesse, apertei a ferida de quem não está conseguindo bons resultados na web e, então, dei uma pista sobre branding digital. Foi então que parti para estimular o desejo.

E olha a oportunidade gratuita para você aprofundar branding. Neste sábado, das 14h30 às 17h, vou realizar uma MasterClass de Branding Digital 100% online e gratuita. Nela você vai aprender como criar posicionamentos fortes e autênticos para marcas na web.

Chegou a hora de fazer a pessoa agir, reforçando o benefício de ser um evento gratuito.

Garanta sua inscrição gratuita aqui (botão)

E usei intensamente o gatilho mental de escassez junto aos benefícios de aprender sobre branding, para que a pessoa não deixasse de agir naquele momento.

Aprofundar branding é garantir um relacionamento sólido e de confiança com seus públicos e, por consequência, mais resultados. Sem desculpa, hein? É no sábado, mas corre, garanta sua vaga agora, pois a transmissão será via Zoom com vagas limitadas e somente para 300 pessoas.

Na última vez que eu olhei restavam somente 37 vagas. Então garanta a sua agora clicando aqui.

VOLUME DE E-MAILS

Você deve estar se perguntando: quantos e-mails devem ser enviados para base interessada no período da ação de copy?

Para responder a essa pergunta, vamos considerar uma ação de sete dias. **O envio precisa ser diário**, porque é o e-mail marketing que lembra as pessoas do que você está vendendo em um ambiente de grande credibilidade para as pessoas.

Muita gente me fala: *Ah, Rafa, mas enviar todos os dias vai fazer a gente ser uma marca chata...* Eu sempre digo que não enviar diariamente é deixar de ganhar muito, muito, muito dinheiro.

Importante: não, você não precisa passar o dia inteiro na frente do computador fazendo isso. Todas essas mensagens podem ser agendadas nas plataformas de e-mail marketing e automação que mencionei anteriormente.

Dia 1 — Manhã (preferencialmente às 9h): Lance a novidade. Mostre qual é a oferta do momento, a sua promessa e o motivo para a pessoa comprar agora. Pegue um gancho forte com o momento, lembre-se do método A.I.D.A.

Dia 2 — Início da tarde (14h): Aposte num gatilho mental de autoridade. Mande no começo da tarde para testar qual funciona melhor, se às 9h ou às 14h.

Mostre que, após o e-mail do dia anterior, as pessoas já estão comprando e gostando da sua solução. Reforce que a pessoa que não está comprando **está perdendo uma oportunidade única** de adquirir com o benefício oferecido.

Trabalhe a mensagem com depoimento, algum dado que surgiu fruto da ação, repercussão da marca na imprensa ou nas redes sociais.

Dia 3 — Melhor horário até aqui: deixe a base respirar e analisar os dados. Aposte no horário que mais deu resultado entre os dois envios anteriores. Não se assuste: é natural que haja uma queda nas vendas nesse dia, faz parte do Efeito W.

Este é um bom momento para apostar num e-mail com storytelling forte.

Recebeu um depoimento ou viu alguém falando nas redes sociais que gostou muito do seu produto ou aplicou algo do seu serviço e já está vendo resultados? Peça autorização para a pessoa e conte a história dela.

Digamos que alguém contratou seu serviço de copywriter e aumentou 40% do faturamento em apenas dois dias. Use um título nesse sentido: *A Maria aumentou 40% do faturamento em 2 dias. Veja como.*

A partir do terceiro dia você deve priorizar enviar o e-mail no horário que funcionou melhor. Caso esse dia não repita o desempenho, vá adequando até o sexto dia, pois no sétimo a abordagem será outra. Sempre utilize os dados a seu favor.

Dia 4 – Relembre a oferta: fale novamente sobre o que você está vendendo e com qual benefício. Reforce que a pessoa precisa comprar nesse momento. Mas cuidado: não repita a abordagem do começo da ação. Mude o título e o primeiro parágrafo (pelo menos) usados no primeiro dia.

Direcione o olhar do lead para outro foco. Aproveite para destacar uma forma de pagamento, como uma nova condição liberada para facilitar ainda mais a compra, por exemplo.

Dia 5 – Foque ou os benefícios ou uma quebra de objeção: em cinco dias de ação você terá recebido dúvidas e objeções por e-mail e no WhatsApp. Aproveite as perguntas recorrentes para usar como foco do e-mail. Lembre-se de que a dúvida de uma pessoa é a mesma de muitas que não tiveram condições de perguntar.

Por exemplo, se você está vendendo um curso e as pessoas perguntam se tem certificado, use a informação já no título: *Curso X com certificado 100% online.*

Dia 6 – Foco na escassez: o tempo está acabando!

ACABA AMANHÃ: a promo de 50% na Black Friday.

ACABA AMANHÃ: Chance de garantir a melhor vista em SP.

ACABA AMANHÃ: Oportunidade para aprender copywriting com 70% de desconto.

Use a caixa-alta em ACABA AMANHÃ e na sequência traga a oferta. No e-mail você destaca os atributos mais transformadores, que mais geram benefícios para os clientes.

Dia 7 — Urgência total: **você vai enviar três ou quatro e-mails.** O quarto e-mail você decidirá conforme seus objetivos tenham sido atingidos ou não.

1º e-mail (9h): *ACABA HOJE: Oferta X.*

2º e-mail (início da tarde — 14h): *ÚLTIMAS X HORAS para você garantir Y.*

Calcule o número de horas restantes com base no momento que você vai fechar o carrinho.

3º e-mail (20h): *VAI ACABAR! Oferta X.*

Primeiro parágrafo: Hoje às 23h59 acaba definitivamente a oportunidade de....

4º e-mail (22h): *Você vai ficar de fora mesmo?*

Você mandará este e-mail para quem ainda não comprou, dizendo algo tipo: *Vi que você ainda não está entre os compradores da oferta X, esta é a última oportunidade para aproveitar tal e tal benefício...*

E-mail curto e grosso, direto para a pessoa comprar agora.

CAIXA RÁPIDO

focar uma ação específica com duração de um dia. Eu gosto de chamar de **Caixa Rápido** a ação que dura menos de 24h.

O Caixa Rápido exige que você tenha uma **base interessada** no produto ou serviço. É o caso de aplicar essa estratégia depois de já ter feito outras ações que geraram uma base de 5 mil, 10 mil contatos, **em que a grande maioria não comprou nada**, mas gerou milhares de oportunidades.

No Caixa Rápido você enviará três ou quatro e-mails, sempre com foco em urgência.

1º e-mail (9h): conte por que está fazendo a oferta. Crie um gancho forte. O dia é especial para o seu mercado? Ou para a sua marca? Inspire-se na ação que realizei no meu aniversário de 35 anos e detalhei no Capítulo 12.

2º e-mail (começo da tarde — 14h): foco nos benefícios.

3º e-mail (20h): reforce ainda mais que está prestes a acabar.

4º e-mail: acaba às 23h59. É o último aviso amigável, perguntando se a pessoa realmente vai deixar de aproveitar.

Faça a ação de Caixa Rápido esporadicamente, senão a audiência vai notar o uso disso sempre, e ele deixará de ser efetivo. A oferta de no máximo 24h precisa causar um estranhamento bom. Esse tipo de campanha é bem legal de fazer alinhando-o com o atendimento via WhatsApp.

Você pode direcionar os leads para o WhatsApp, para aquecer ainda mais a base. A pessoa que decidiu conversar no WhatsApp realmente está interessada na oferta. Então, refine bem a copy para WhatsApp — o que você aprenderá nos próximos capítulos.

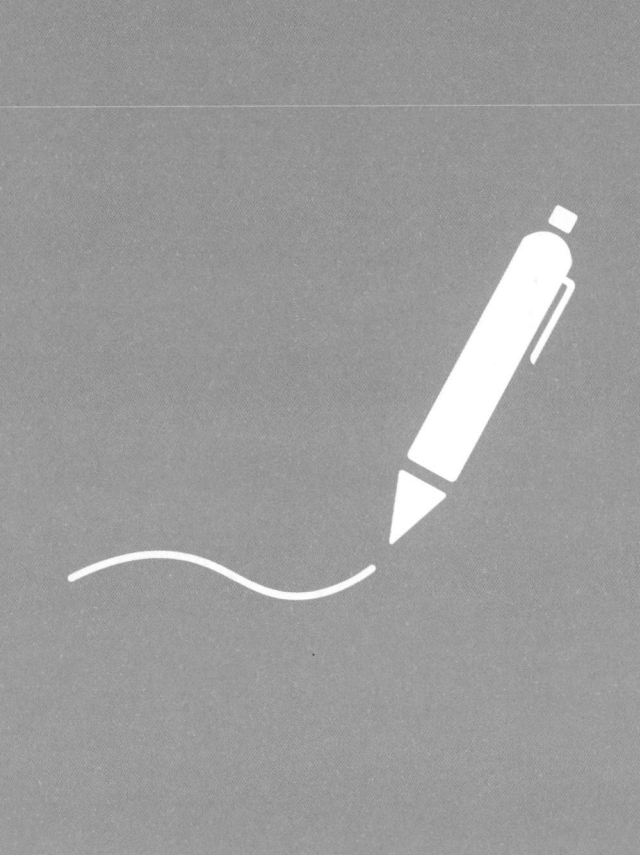

COMPARTILHE EM SEUS STORIES

MÍDIA SOCIAL É MÍDIA!

E A MÍDIA SEMPRE FUNCIONOU MELHOR PAGANDO!

@TERRADORAFAEL

CAPÍTULO 18: COPYWRITING PARA ANÚNCIOS

Você vai ler a partir de agora tudo o que precisa saber para criar abordagens efetivas com anúncios de topo de funil, sejam eles em formatos de texto, imagens ou vídeos.

É hora de falar mais a fundo sobre tráfego pago, então tenha em mente a comparação sobre pessoas circulando em shopping center e geração de tráfego na web.

Aqui impera a lei da oferta e da demanda: quanto mais pessoas e empresas estão produzindo conteúdo no digital, mais disputada será a atenção dos usuários.

Afinal, o Mark Zuckerberg não tem a obrigação de mostrar os seus conteúdos de graça para as pessoas certas a todo momento. Mídia social é mídia, e mídia sempre funcionou melhor pagando.

De acordo com pesquisa realizada pela empresa Octadesk em parceria com a Opinion Box, 61% dos consumidores preferem comprar pela internet em vez de irem a lojas físicas. E 78% deles afirmam comprar online pelo menos uma vez por mês.

Isso reforça a importância de nunca basear o trabalho de copywriting somente pensando em tráfego orgânico, sem investir em anúncios, pois as empresas de mídias sociais fazem parte desse jogo altamente lucrativo e, obviamente, capitalizam para direcionar o tráfego qualificado.

Dica de ouro: aproveite plataformas que ainda estão crescendo ou em que o seu mercado ainda está anunciando pouco. Esse foi o caso do TikTok recentemente. As pessoas já estavam lá, mas muitas marcas ainda não dedicavam muita atenção à rede social, o que também significava menos empresas anunciando. Situações assim sempre geram boas oportunidades.

As ações de copy que se destacam jamais são as que investem em apenas um criativo e uma segmentação. Portanto, faça pelo menos três criativos e três segmentações diferentes para cada anúncio. Porque quando você encontra o **match do criativo com a segmentação** que gera mais tráfego e conversão, é quando você encontra a **Copy Vencedora**.

Sempre analise os dados para saber qual texto e arte mais geraram tráfego e qual segmentação gerou os melhores resultados.

Coloque-se na perspectiva de quem está lendo o anúncio. A buyer persona precisa se identificar com a foto, com o texto, com tudo. Se existem perfis diferentes de buyer persona que compram da sua marca, faça criativos e segmentações focadas para cada uma delas.

Busque conhecimento sobre tráfego pago ou contrate bons profissionais para fazer esse trabalho, pois é essencial que as ações de copy e tráfego conversem entre si para que o casamento seja frutífero.

Antes de avançar sobre anúncios, é importante que você entenda que Copywriting também deve ser aplicado em muitos posts do dia a dia nas redes sociais. É o que eu chamo de transformar os conteúdos em mini-ecommerce. Veja como fazer isso.

TRANSFORME CADA PUBLICAÇÃO NUM MINI-ECOMMERCE

É fato, as pessoas não acessam o seu perfil nas redes sociais: 1% dos acessos são no perfil da marca, e isso só acontece quando o conteúdo aparece no feed organicamente ou por anúncios.

Por isso, você precisa encarar suas publicações como um mini-ecommerce, especialmente aquelas focadas em Copy. Por quê?

Porque se as pessoas não têm todas as dúvidas sanadas no conteúdo que apareceu no feed, elas vão para a concorrência atrás de respostas ou simplesmente se esquecem da sua marca.

Mobile First:

o primeiro passo para criar posts mini-ecommerce é entender que 70% dos acessos em redes sociais acontece pelo celular. Plataformas como Instagram e TikTok foram totalmente pensadas para smartphones. Então pense os posts focados no mobile, um mindset Mobile First.

A legenda deve ser objetiva e a introdução deve ser concisa. Isso porque há um limite de, em média, 140 caracteres antes de o botão *ver mais* aparecer e cortar a legenda. Ou seja, em até 140 caracteres, é fundamental trazer a **informação principal**.

Eu defendo inclusive trazer alguma coisa em CAIXA-ALTA que reflita o que você está vendendo, o que há de maior benefício naquele momento.

PARCELAS MENSAIS A PARTIR DE R$ 997
(35 CARACTERES).

COMPRE AGORA, PAGUE DAQUI A 90 DIAS
(35 CARACTERES).

COMECE A ESTUDAR AGORA E PAGUE SÓ EM MARÇO
(42 CARACTERES).

Percebe como é possível destacar a oferta em CAIXA-ALTA sem se alongar nem correr o risco de poluir a leitura?

A verdade é que as pessoas só abrem o *ver mais* quando elas se sentem instigadas a ler o restante. A copy tem que chamar atenção com o criativo e no começo da legenda. Veja as prévias dos anúncios que as próprias redes sociais oferecem, para ter uma ideia de como vão aparecer no mobile.

Promessa:

o segundo passo é dar protagonismo àquilo que a marca oferece com um grande benefício para o cliente comprar naquele momento.

O que for mais impactante na oferta tem que estar no topo, na altura do olhar. Além de uma sólida parceria com tráfego pago, trabalhar com copywriting também exige constante troca de ideias com bons profissionais de design. O designer precisa conhecer os pontos essenciais de copy, ou então você precisa instruir a pessoa.

Preço sempre: o terceiro passo é trazer o preço. Até porque é contra a lei fazer uma oferta sem informar o preço.

No art. 2º, inciso III, da Lei 10.962/04 é dito o seguinte: "No comércio virtual o lojista fica obrigado a divulgar, junto à imagem do produto ou descrição do serviço, o valor a ser cobrado à vista, em caracteres facilmente legíveis e com letra não inferior ao tamanho 12".

Então nada de *preço por inbox*. Até porque as pessoas compram quando uma dor é sanada, ou um desejo é atendido, **mas de modo que caiba no bolso delas**. Se o valor não couber no orçamento, dificilmente vão comprar, então não trazer o preço direto passa a impressão de que é caro.

Se for o caso de vender algo com grande valor agregado, ou algo realmente caro, dê protagonismo para o menor valor: parcela, entrada, pagamento à vista, por Pix.

Você pode se apegar à questão mais atrativa ou a uma facilidade das formas de pagamento, para dar protagonismo.

Eu costumo ouvir muito isso: *Ah, Rafa, mas o meu produto é caro... As pessoas vão ver direto que é caro.*

Sendo bem sincero, isso não é um problema! Se você segmentou para as pessoas certas e algumas verem que é caro, tudo bem, faz parte do jogo. Talvez não seja o melhor momento para uma parcela do público comprar.

Apegue-se aos fatos: quem tem para pagar vai pagar. Quem deseja muito a sua solução vai fazer o possível para comprar, e caso não consiga, vai lembrar da sua marca no futuro.

Caro mesmo é segmentar errado, porque aí todo mundo vai dizer que é caro.

Porém, mesmo trazendo o preço, há situações em que é interessante, sim, levar a pessoa para o Direct ou WhatsApp para conversar, tirar as dúvidas, quebrar objeções, conhecer um pouco mais da buyer persona.

Nesses casos, você pode oferecer uma condição especial para quem entrar em contato. Por que não? Isso abre a possibilidade para negociar.

Geolocalização: ao ver o post, o cliente precisa entender que está fisicamente perto da solução.

Hoje recebemos conteúdos e anúncios do mundo inteiro, muitas vezes porque marcas segmentam errado em ações de copy. Então se rapidamente a pessoa não souber que a solução vendida está perto dela, ela não vai dar a devida atenção.

Aqui é o caso de trazer informações como frete grátis, prazo de entrega, entrega mais rápido para determinadas regiões do país, etc.

Gatilho mental: O quinto e último passo é usar pelo menos um gatilho mental. Não usar nenhum é perder vendas, porque os gatilhos são o motivo para a pessoa comprar o produto ou serviço naquele momento.

COMO CRIAR UMA OFERTA IRRESISTÍVEL

Oferta não é só sobre reduzir o preço. **A oferta irresistível é sempre sobre escrever para a buyer persona, e não para todo mundo.** Saber disso é fundamental para poder criar ofertas irresistíveis que estimulem o comportamento de manada.

Comece a ver quais produtos ou serviços você tem que se encaixam com cada buyer persona e, ao invés de anunciar tudo para todos a todo momento, segmente a copy para públicos bem específicos em ações com começo, meio e fim.

Estes são os cinco passos que você deve seguir ao criar suas ofertas irresistíveis, sempre considerando os criativos como imagem com texto sobreposto + texto na legenda do anúncio:

1º PASSO: PROMESSA DIRETO NO CARD

Desperte a atenção com uma promessa chamativa direto no card e já traga alguma informação relacionada ao valor, seja o preço, o parcelamento ou a forma de pagamento.

Dê protagonismo para o que mais interessa na oferta sob o viés da buyer persona. Se for o desconto, destaque o desconto. Se for o fato de ser um novo lançamento, apegue-se ao lançamento.

2º PASSO: GERE IDENTIFICAÇÃO

A buyer persona precisa ver o anúncio e entender como se você estivesse conversando com ela. Traga no card uma imagem ou frase que faça a pessoa pensar: *Nossa, essa oferta é para mim!*

Por isso, antes de chegar a este capítulo, você aprendeu a conhecer quem é a buyer persona e como é importante saber para quais perfis serão segmentados os anúncios. Dessa forma, você tem todos os ingredientes para construir a copy pensando nessa pessoa.

Lembre-se também da possibilidade de vender um mesmo produto ou serviço para pessoas de mercados e profissões diferentes, usando abordagens distintas.

3º PASSO: AGITE O PROBLEMA

Use a legenda para agitar o problema, mostrar que é maior do que a buyer persona imaginava, ou que a oportunidade para realizar o desejo que ela quer está prestes a acabar. E que, por isso, ela precisa comprar o quanto antes para sanar a dor ou realizar o desejo que tem.

4º PASSO: APONTE OS HOLOFOTES PARA OS DIFERENCIAIS

Mostre que a solução da marca é **a melhor para a buyer persona**. Liste benefícios ou quebre objeções dos leads com base em informações que você já coletou junto aos clientes e ao mercado.

Distinções e diferenciais da solução também são gatilhos que ajudam a quebrar objeções e passar mais segurança às pessoas interessadas na oferta.

5º PASSO: USE CTA

Jamais se esqueça da chamada para ação aplicada junto a pelo menos um gatilho mental, em especial os de urgência e escassez.

PASSO A PASSO PARA VENDER UM PRODUTO

Imagine que você tenha uma imobiliária que está vendendo um empreendimento de *lofts duplex* num bairro superlegal de uma capital. Quando chegar a hora de fazer uma ação de copy após o lançamento, aproveite as informações adquiridas conforme as pessoas compram.

Vamos supor que a maioria dos clientes até o momento da ação é homem com mais de 30 anos, solteiro e empresário. Veja como fazer um anúncio em carrossel conhecendo a buyer persona que está gerando mais conversão.

1º card: o criativo deve mostrar uma foto com a melhor visão do loft. Aposte em uma copy que fale com essa pessoa:

A Melhor Infraestrutura para quem é solteiro e quer ter a melhor vista da cidade.

O Loft dos Sonhos para quem é solteiro e quer viver em uma infraestrutura completa.

Conhecendo o poder aquisitivo do público, você também pode mesclar a promessa com uma forma de pagamento:

O seu loft dos sonhos a partir de R$ 2 mil mensais.

COPYWRITING NA PRÁTICA

2º card: use a foto de um homem com a média de idade do público que está comprando em um contexto de **diversão no loft**. Pode ser jogando videogame, acompanhado dos amigos, se sentindo bem em um ambiente de home office.

3º card: liste benefícios para mostrar que o imóvel é justamente a solução que ele precisava.

- Infraestrutura completa com piscina.
- Minimercado 24h.
- Salão de festas.
- Quadras poliesportivas.
- Portaria 24h.
- Segurança 24h.
- A apenas uma quadra do Shopping X.
- A cinco minutos do Parque Y.

4º card: hora do CTA! *Clique no botão para entrar em contato com um corretor.*

Agite o sonho na legenda: você quer morar num lugar como esse? Restam apenas três unidades. E só nesta semana você consegue fechar negócio, deixando a primeira parcela para daqui a três meses.

Aproveite a legenda também para quebrar objeções/responder dúvidas com base no que essa Buyer Persona perguntou enquanto fechava negócio.

Veja este exemplo de anúncio da @dacasimoveis no Instagram, em que a empresa do setor imobiliário trabalhou muito bem todos os atributos essenciais, com texto nos criativos e emojis na legenda, para um bom combo Copy + Tráfego Pago valorizando a leitura escaneada:

@terradorafael

dacasimoveis
Patrocinado

Investidor:

Invista no primeiro hotel 6 estrelas de Porto Alegre, um pedacinho de Dubai na Nilo Peçanha.

A partir de R$ 299MIL
1+4x R$ 8.999,00
Mensais: R$ 1.099,00

Rentabilize acima de R$ 5mil reais no mês (líquido).

Seja nosso investidor e desfrute do único Clube Resort de Alto Padrão da cidade.

Saiba mais ›

dacasimoveis ⭐ INVESTIDOR: INVISTA NO ÚNICO HOTEL SUPER LUXO DE PORTO ALEGRE
📍 Um pedacinho de Dubai na Nilo Peçanha

■ Complexo composto por shopping, restaurante internacional, alta gastronomia, torre corporativa e residencial

✅ A PARTIR DE R$ 299mil
✅ 1+4x R$ 8.999,00
✅ Mensais: R$ 1.099,00
🏩 Rentabilize acima de R$ 5mil reais ao mês

👉 Saiba mais (WhatsApp): bit.ly/DC-HotelEmilianoH

■ Seja nosso investidor e desfrute do único Clube Resort de Alto Padrão da cidade.

🔔 Fale agora com um de nossos especialista e conheça o pacote de vantagens para investidores!

Da Cás Imóveis
(51) 98513-6288
Ver tradução

dacasimoveis ⭐ INVESTIDOR: INVISTA NO ÚNICO HOTEL SUPER LUXO DE PORTO ALEGRE
📍 Um pedacinho de Dubai na Nilo Peçanha

■ Complexo composto por shopping, restaurante internacional, alta gastronomia, torre corporativa e residencial

PASSO A PASSO PARA VENDER UM SERVIÇO

Bora para um exemplo de venda de serviço!

Imagine que você criou uma agência de redes sociais especializada em arquitetura. Sua oferta precisa chamar atenção e ter uma promessa chamativa direto no criativo

1º card: use uma imagem que flerte com arquitetura e escreva a sua promessa. Por exemplo: *Gestão de Redes Sociais para Arquitetos por apenas R$ 2.100,00 mensais.*

2º card: agite o problema. Traga um dado que corrobore a importância dos profissionais de arquitetura usarem as redes sociais para conquistar mais clientes. Exemplo fictício: *Ei, arquiteto! Você sabia que 70% dos arquitetos fecham negócios pela internet? E você aí sem uma gestão profissional das suas redes sociais...*

3º card: hora de trazer a solução da sua marca. *Pare de contratar mão de obra amadora. A XYZ é a agência de marketing digital focada em clientes de arquitetura.*

4º card: gatilho de urgência ou escassez reforçando que o benefício exclusivo está prestes a acabar. *Contrate até amanhã e garanta um combo de gestão de redes sociais + fotos profissionais por R$ 2.100,00.*

Segmente somente para arquitetas e arquitetos da cidade onde você trabalha, pois assim a copy conversará diretamente com essas pessoas!

CHECKLIST: 13 DICAS QUE MELHORAM SEUS ANÚNCIOS

Vamos relembrar que copy que se parece com o conteúdo orgânico é importante para o sucesso da ação, pois a gente costuma se afastar das propagandas.

Ninguém lê jornais e revistas para ver propaganda. Ninguém assiste à TV para ver publicidade. Cada vez mais pessoas aproveitam o intervalo da programação para pegar o celular e rolar o feed de alguma rede social.

Por quê? Porque tudo que é publicidade destoa do restante.

Estes são os 13 passos que vão ajudar você a melhorar os anúncios e alavancar os resultados das ações de copywriting.

1) CHAME A ATENÇÃO

É tudo sobre atenção! Pode parecer repetitivo, mas num contexto digital cada vez mais competitivo, planejar como chamar atenção é um grande diferencial. Comece o anúncio com a promessa, sempre que possível com uma frase de impacto.

Use emojis na legenda para tornar a leitura escaneável, especialmente ao iniciar um parágrafo. Isso contribui para chamar atenção e ainda torna a leitura mais agradável.

2) PERSONALIZE A COMUNICAÇÃO

Personalização nunca é demais! Se a ferramenta oferece a possibilidade de você chamar a pessoa pelo nome, invista nisso. Este é um grande diferencial das ações de e-mail marketing, pois você já tem informações básicas das pessoas, inclusive nomes.

A comunicação um a um também é possível nas redes sociais. Nesses anúncios você deve segmentar por profissão e sexo apostando em legendas como:

> Segmentação para homens: Ei, Arquiteto!

> Segmentação para mulheres: Ei, Arquiteta!

Faça essa separação para tornar o anúncio **mais assertivo e personalizado**. Parece simples, mas garanto que é superefetivo, pois de imediato a pessoa vai pensar: *Como a marca sabe que sou arquiteta?*

3) LETRAS MAIÚSCULAS E NUMERAIS

Use As Letras Iniciais Em Maiúsculo. E use tudo como numeral.

O português formal diz que até o número 10 a gente escreve um, dois, três... mas no marketing digital sempre use os números 1, 2, 3...

O número salta aos olhos!

4) COMPROVE COM DADOS

É o famoso "contra fatos não há argumentos". Aposte em anúncios que trazem dados verdadeiros e de fontes confiáveis para agravar o problema da buyer persona, aguçar o desejo ou destacar diferenciais da sua marca.

5) CRIATIVIDADE E OBJETIVIDADE

Na dúvida, seja criativo e objetivo na escrita. Mostrar foto do produto/serviço + preço (entrada, parcela, o que facilitar mais) é o mais básico e funciona. Não trave pensando demais, especialmente nas primeiras ações de copy.

Também é fundamental escolher uma foto muito boa, no caso de produto, porque nossa percepção é muito mais visual!

6) FOCO NA OFERTA

Traga a oferta sempre no topo do criativo para estar na altura do olhar de quem recebe o anúncio.

7) DOR E DESEJO

Não há ação de copy de sucesso sem que se conheçam as dores e/ou os desejos da buyer persona. Essas informações devem ser protagonistas nos anúncios, não o nome do produto ou serviço.

8) SEMPRE USE GATILHOS MENTAIS

Com certeza não dá para se esquecer deles!

9) PENSE EM PALAVRAS-CHAVE

Um exercício que eu gosto de fazer é pegar uma folha A4, escrever o que eu estou vendendo no centro e colocar ao redor uma nuvem de palavras-chave que mais impactam relacionadas ao que estou vendendo.

Isso ajuda muito ter boas ideias e também é superefetivo para momentos em que você possa travar e ter dificuldade de dar o primeiro passo.

10) APOSTE NO PERTENCIMENTO IMEDIATO

Use chamadas para ação que gerem pertencimento imediato, mesmo que o cliente ainda vá demorar para ter acesso. Faça a pessoa imediatamente ficar mais perto da cura para a dor ou mais perto de realizar um sonho.

11) SEMPRE REALIZE TESTE A/B

Nunca invista todas as fichas num único criativo. Faça dois ou três copy para cada ação. À medida que você acompanha os resultados, poderá investir mais no criativo que está gerando mais vendas.

12) COPY É IMAGEM TAMBÉM

Jamais cometa o erro de usar fotos de bancos de imagens! Elas apitam um alerta de que o anúncio é fake!

Se você trabalha com serviços e não tem uma boa imagem autoral ou que represente seu segmento, é melhor investir num fundo neutro ou nas cores típicas do seu mercado do que investir grana em algo artificial, como imagens de banco que não dizem nada.

13) USE TEXTO SOBRE AS IMAGENS

Entenda: uma imagem bonita é só uma imagem bonita. É o texto que coloca ela num contexto, tanto o que vai na legenda como o que está no criativo.

Como nossa percepção é visual, a foto vai chamar atenção, mas sozinha ela não representa exatamente a oferta. Então é fundamental trazer na arte o que é mais precioso na oferta.

Coloque uma lupa no que vai gerar mais desejo!

Copy nunca é somente o ato de escrever, e sim uma estratégia completa que envolve também entender o comportamento e as preferências da buyer persona, para tomar essas decisões criativas seguindo essas 13 dicas.

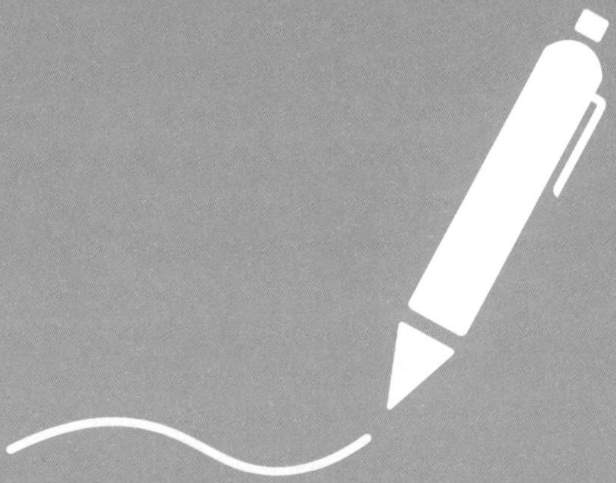

COMPARTILHE EM SEUS STORIES

É SEMPRE MAIS FÁCIL VENDER UMA OFERTA QUE RESOLVA UMA DOR DO QUE AQUELA QUE SATISFAÇA UM DESEJO!

QUAIS SÃO AS DORES DO SEU PÚBLICO?

@TERRADORAFAEL

CAPÍTULO 19: COPY PARA VÍDEOS DE VENDAS

As dicas deste capítulo servem como passo a passo para criar roteiros para vídeos de diversos formatos. Valem para anúncios, vídeos publicados como conteúdo orgânico, videocases... O que você imaginar!

É essencial ter em mente que a linguagem do vídeo está em alta, sendo principalmente o formato preferido de pessoas mais jovens, das Gerações Z e Alfa. Então as marcas precisam conhecer copy para vídeos para conversar e vender para esses públicos. Assim, garantirão vida longa aos negócios de modo sustentável.

Conteúdos em lista facilitam o consumo e a compreensão do que está sendo mostrado. É um formato ideal para vídeos! Eu adoro listas, por isso listo agora cinco passos para você roteirizar bem a sua copy para vídeos de vendas.

PASSO 1: CRIE CONTEXTO

O contexto é sempre ligado às dores ou aos desejos. A partir disso, inicie o vídeo já contando uma história que flerte com o contexto.

Uma forma efetiva de fazer isso é transformar uma dor ou desejo em pergunta. Este exemplo da construtora MRV ajuda a visualizar: *Cansado de pagar aluguel?*

A MRV fazia a pergunta e depois apresentava uma provocação que casava bem com o contexto: *Eu vou te provar que o dinheiro que você paga aluguel pode servir para você comprar um imóvel.*

Essa abordagem é o que chamamos de **soco de informação**, pois é algo direto e que coloca a pessoa em alerta, nesse caso, a respeito da dor dela.

O pulo do gato é o seguinte: quando você pergunta algo ao outro, você é quem inicia a conversa e espera uma resposta de quem te assiste. Entende? Assim, a conversa deixa de ser de mão única, em que a pessoa apenas recebe o que a marca está falando.

PASSO 2: FORNEÇA VALOR

Use cases ou exemplos práticos que comprovem que o problema ou o desejo trazido no contexto realmente é solucionado com o que a marca está vendendo.

Se a MRV diz que você pode sair do aluguel, na sequência dessa afirmação ela traz cases de pessoas que saíram do aluguel por meio das soluções imobiliárias vendidas pela empresa.

PASSO 3: FAÇA UMA PROMESSA FORTE

Não é só sobre prometer, e sim sobre fazer uma **promessa forte!** Após gerar valor por meio de cases ou exemplos práticos, fale como a buyer persona pode ter acesso à solução e mostre que é a melhor do mercado.

PASSO 4: ESCASSEZ E URGÊNCIA

É claro que essa duplinha não poderia faltar. O que a pessoa quer só pode ser obtido agora. Agora é a hora! O vídeo é superefetivo para comprovar que a oferta está acabando e a pessoa que está engajada precisa agir naquele momento para não ficar de fora.

PASSO 5: CTA

Não dependa apenas do botão: instrua a pessoa a acessá-lo!

Nos anúncios em vídeo, geralmente o botão aparece abaixo do vídeo, então aponte o dedo para onde ele aparecer. **Guie o olhar da pessoa com o seu gesto.**

Se for conteúdo orgânico no Instagram e o link estiver na bio, já indique que é à bio que a pessoa deve ir.

Se for vídeo nos Stories, faça o passo a passo e diga que a oferta é para um número limitado de pessoas que responderem ao Story com EU QUERO ou algo do tipo. Levar as pessoas para a DM funciona demais!

COMPARTILHE EM SEUS STORIES

AS OPORTUNIDADES ESTÃO ONDE ESTÁ A ATENÇÃO DAS PESSOAS!

@TERRADORAFAEL

CAPÍTULO 20: COPY PARA VENDER EM LIVES

Você pode estar se perguntando: *Mas as lives não ficaram saturadas pós-pandemia?*

Eu ouço muito essa pergunta e sempre respondo: a verdade é que não. Quando alguém, seja marca pessoal ou empresarial, nos dá algo que é do nosso interesse, nós assistiremos. Simples assim! Por isso que em Copywriting é preciso focar sempre as pessoas certas, não todo o mundo.

Sendo bem sincero, não existe ferramenta de marketing **tão poderosa** quanto vender ao vivo. O poder é semelhante com o da venda presencial ao vivo. Nas lives, a conexão que você cria com um vídeo ao vivo é muito, muito, muito poderosa, pois você tem a chance de **engajar um grande número de pessoas de uma só vez**. É o famoso engajar para vender!

A primeira questão que você precisa pensar numa estratégia de lives é criar um título e uma página de vendas para gerar cadastro, de modo que seja com um approach muito atrativo para a buyer persona.

Quando eu lancei meu livro *Instagram Marketing*, criei uma página de vendas em que a pessoa se cadastrava para a imersão no assunto: foram três lives, e na última eu fiz o pitch de vendas do livro.

Um mercado que trabalha bem com vídeo ao vivo é o imobiliário, que costuma realizar feirões. Mas as lives são para todos os segmentos, pois a efetividade também está em **gerar valor ao compartilhar conhecimento**.

Detalhando o ramo imobiliário, para exemplificar: uma ação efetiva de Copy em lives poderia ser criar uma semana temática para algo importante para a buyer persona. Imagine que seja a *Semana do Meu Primeiro Apartamento*.

Durante a semana, você faz lives com pessoas do mercado financeiro, imobiliário, arquitetura, cases de pessoas que saíram do aluguel... Perceba que são exemplos tanto da realização do sonho de compra, como também fonte de conhecimento para que a audiência se planeje para construir os próprios ambientes ao comprar o imóvel.

Lembre-se: as pessoas compram quando elas têm consciência de que podem ter aquilo ou que podem mudar de status graças à solução vendida. Os leads só decidem agir quando entendem que a mudança é viável e vai ser importante para eles.

YOUTUBE É FUNDAMENTAL

Apesar de eu ter escrito um livro de Instagram e considerá-lo a grande rede social para criar oportunidades, no caso de lives de vendas eu indico o YouTube.

Porque:

1) A retenção do YouTube é maior que a do Instagram. Muita gente assiste às transmissões ao vivo na TV da sala de casa.

O poder de estar na TV da sala dos lares é um status que, antigamente, somente grandes marcas tinham. Então isso é algo muito importante para quem gera conteúdos e lives interessantes no YouTube, pois a maioria das Smart TVs já tem o aplicativo.

2) Por causa dos links. Nas lives no Instagram, para levar a pessoa a um link, você a tira da transmissão para que ela acesse a bio. No YouTube isso não acontece, porque a pessoa pode estar no computador, na TV ou no próprio celular, e a live segue rodando em segundo plano.

Portanto, no YouTube você não perde o engajamento das pessoas que estão contigo!

TUDO COMEÇA ANTES DA LIVE

A primeira coisa que você precisa fazer é criar uma grande promessa para que as pessoas se interessem por assistir à live. Na verdade, assistir *às lives*, porque eu indico que você faça sempre mais de uma. Três é um número ótimo!

Quanto mais você der conteúdo para as pessoas, mais educativa e informacional ela se torna, **deixando o aspecto comercial em segundo plano**. Você engaja primeiro por um bom tempo, para só então vender algo. O engajamento é mais profundo.

Pense num bom tema: o que você quer que o público crie consciência para que decida comprar a sua solução?

Depois disso, escolha se a abordagem será oferecer um bom entretenimento ou transmitir conhecimentos úteis para a buyer persona.

Não venda a todo momento nas lives! **Faça o pitch de vendas no meio da última aula**. Esse pitch tem que criar um casamento com o conteúdo que você ensinou ao longo dos três dias de transmissão.

E na hora de vender, é o seguinte: **não faça miséria no pitch!** Faça uma abordagem rica, bem completa: mostre contas, resultados, lista de benefícios, cases, depoimentos ao vivo de quem já usou a solução.

Por que no meio da última aula?

Porque você ainda tem um tempo para tirar dúvidas ao vivo, engajar, estimular que as pessoas contem que compraram. Você pode também aproveitar a oportunidade para trabalhar o gatilho de escassez, oferecendo um benefício exclusivo para quem comprar durante a live.

A copy tem o propósito de gerar um movimento de vendas por conta do comportamento de manada. Então aproveite cada conversão para agradecer às pessoas que estão comprando naquele momento. Isso vai aguçar o sentimento de pertencimento em quem assistiu e ainda está pensando, fazendo com que decidam logo pela compra para também fazer parte do grupo de compradores!

Não esqueça: crie uma página para que as pessoas se cadastrem e você gere leads. É comum que muitas marcas simplesmente abram a live e façam a oferta, sem ter página para coletar leads que depois deveriam ser usados para enriquecer as segmentações de anúncios.

Além disso, devem ser usadas ações de relacionamento por e-mail marketing e pós-venda via WhatsApp. Ou até mesmo abrir espaço para participação em grupos exclusivos no WhatsApp, possibilitando um approach um a um com as pessoas que estiveram nas lives.

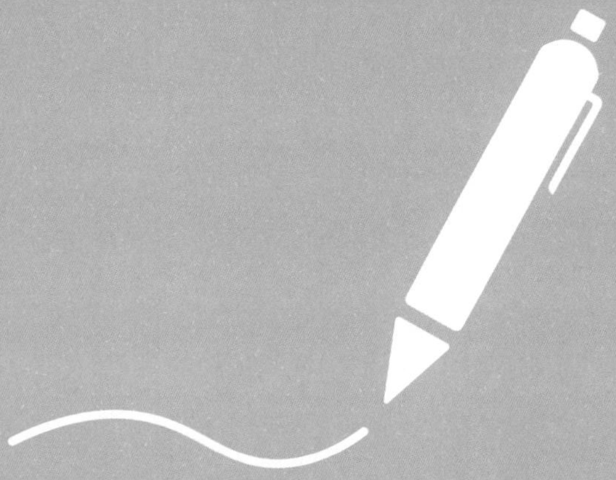

COMPARTILHE EM SEUS STORIES

TUDO FOI FEITO PARA CRESCER!

E O QUE NÃO CRESCE ESTÁ COM PROBLEMAS. RESOLVA!

@TERRADORAFAEL

CAPÍTULO 21: QUANTOS ANÚNCIOS DEVO FAZER DURANTE UMA AÇÃO DE COPY

Novamente, considere o período de uma semana para saber o número ideal de criativos que devem rodar durante a sua ação de abrir e fechar o carrinho.

Lembre-se de que essa conversa precisa ser feita diretamente com quem for responsável por gerenciar o tráfego pago, porque os criativos da estratégia de copy precisam chegar aos públicos corretos.

Pense em três criativos para cada copy a seguir:

COPY Nº 1:

A primeira copy deve ser bem focada na maior promessa da marca e direcionada para os leads quentes. É o público que já conhece a marca, portanto não é obrigatório aumentar a autoridade digital na cabeça do cliente. O foco então deve ser a grande promessa: *produto ou serviço X com o benefício Y neste momento.*

COPY Nº 2:

A segunda é para o público frio, que ainda não conhece a marca, ou até conhece, mas não é lead. Faça um criativo para esse público com foco em criar autoridade:

- Compre da marca que já gerou X resultados...

- ... que já mudou a vida de Y pessoas.

- ... a única marca com a certificação Z.

Este segundo anúncio deve fazer o público pensar: *Eu não conheço essa marca, mas gostei do que ela está vendendo e da segurança que ela me passa.*

Outra alternativa é pensar num criativo em carrossel com mais de uma arte. Na primeira, você apresenta a oferta e a promessa, e nos seguintes traz depoimentos e distintivos que comprovem a autoridade.

COPY Nº 3:

A terceira copy deve ser focada em **remarketing para quebrar uma objeção**. Remarketing significa reimpactar quem já viu seu produto ou serviço.

Sabe quando você entra num e-commerce para ver um produto, e depois ele te segue e fica aparecendo em banners em outros sites e redes sociais? Isso é uma segmentação de remarketing.

Para poder fazer o remarketing, é preciso ter o pixel de conversão do Facebook e do Google instalado no seu site e na sua página de vendas.

O fato do produto ou serviço reaparecer para alguém que já foi impactado torna fundamental trabalhar o remarketing com o objetivo de quebrar objeção, pois você sabe que a pessoa já viu a marca, mas possivelmente ainda não comprou porque tem alguma objeção.

Dê protagonismo para a quebra de objeção já no criativo. Relembre tudo o que você leu no capítulo sobre quebra de objeções para conhecer as dúvidas e o que está afastando a sua buyer persona da sua solução.

Eu entendo que você possa estar pensando: *Mas, Rafa, já quebrei todas as objeções no FAQ, se a pessoa não comprou é porque ela não quer...*

Só que é aquela história de, na web, as pessoas não serem, e sim estarem, pois o volume de informações é muito grande, fazendo com que conteúdos e anúncios apareçam na nossa frente a todo momento. Então a pessoa pode ter visto o que você vende, mas não conseguiu dedicar tempo para ler o FAQ para tirar a objeção. E depois ela acabou esquecendo...

O remarketing é justamente para relembrar e, de cara, tirar qualquer dúvida ou objeção que a pessoa possa ter ficado. E mais: serve para relembrar que a oferta continua ali, mas que vai acabar em breve.

COPY Nº 4:

A ação de copy deve ter criativos dedicados a reforçar benefícios. Aqui é bom listar com números que comprovem por que a pessoa precisa aproveitar os benefícios agora, o que ela vai ganhar com a compra. Ou o que ela vai perder se não aproveitar esse momento...

COPY Nº 5:

Este é um dos itens mais importantes: criativos totalmente focados em urgência e/ou escassez. São as famosas frases que indicam que a oportunidade está acabando!

- Acaba amanhã.
- Acaba hoje às 23h59.
- Últimas unidades!
- Últimas vagas!

Acaba amanhã a oportunidade de você adquirir X com 50% de desconto.

Faça essa segmentação de urgência e escassez, tanto para públicos quentes quanto para frios. Obviamente que vai funcionar mais para públicos quentes, porque são pessoas já familiarizadas com a marca e a oferta, então invista mais dinheiro nessa segmentação.

Recomendo também que você aloque uma parcela menor da verba para público frio, porque a pessoa pode ainda não ter sido impactada com a ação; então você já chega apresentando a promessa com benefício e ainda com o gatilho da urgência e/ou escassez. A compra pode acontecer com ainda mais rapidez!

Lembrete: tudo o que você leu neste capítulo deve levar em consideração os testes A/B, pois são importantes. Então, o ideal é que cada um desses cinco anúncios tenham mais de um criativo para ver qual gera mais conversão.

COMPARTILHE EM SEUS STORIES

DEU CERTO: REPLIQUE!

DEU ERRADO: APRENDA!

@TERRADORAFAEL

CAPÍTULO 22: FERRAMENTAS PARA MELHORAR A COPY DOS ANÚNCIOS

Este é outro capítulo cujas dicas são úteis, tanto para as campanhas de anúncios como para os conteúdos orgânicos focados em copywriting.

As ferramentas que você vai conhecer agora são eficientes, mas tenha em mente que elas devem **servir como fontes de inspiração**, e não para copiar e colar copiando cegamente no que elas entregam. Afinal, a inspiração acontece quando temos bom repertório, e ter bons recursos à disposição é essencial para construir repertório.

Estas ferramentas oferecem estruturas de copy. São modelos pré-prontos para adequar à realidade dasua marca em ações de copy, conteúdos orgânicos e também estratégias com foco em SEO.

1) INFINITY COPY – HTTPS://INFINITYCOPY.AI/

Ferramenta útil baseada em inteligência artificial capaz de gerar textos e imagens. Esta é uma forma de otimizar a tua produção de conteúdo!

A Infinity Copy ajuda a desbloquear a criatividade em momentos em que você travou, servindo também como um passo a passo para criar campanhas de marketing rapidamente.

Funciona assim: você coloca o tema e o objetivo do momento para que a ferramenta crie a copy a partir da sua instrução. **Jamais copie e cole**, pois é comum que venha com erros básicos, mas é muito útil para ter ideias e trabalhar a partir dos insights oferecidos pela IA.

2) GOOGLE TRENDS – HTTPS://TRENDS.GOOGLE.COM/

Você já leu sobre esta rica ferramenta do Google em alguns momentos do livro. No entanto, não é demais reforçar que o Google Trends é útil para saber o que está em alta, conhecer o volume de buscas por palavras-chave do segmento, além de comparar palavras para decidir qual será mais assertiva.

Use o Google Trends também para aprofundar conhecimentos sobre questões e eventos selecionados pela equipe de dados da ferramenta, que conta com uma curadoria rica sobre determinados assuntos, como economia, meio ambiente e política, além de editorias especiais como eleições e Dia Internacional da Mulher.

3) UBERSUGGEST – HTTPS://NEILPATEL.COM/BR/UBERSUGGEST/

O UberSuggest é uma ferramenta do Neil Patel, que é uma das maiores referências em SEO.

Com ela, você pode fazer a engenharia reversa de SEO, de marketing de conteúdo e da estratégia de mídias sociais dos seus principais competidores.

O UberSuggest permite que você obtenha informações sobre as estratégias que estão performando melhor em outros sites no nicho, para que possa adotá-las, aprimorá-las e ganhar uma vantagem competitiva.

É um recurso muito útil para ver volume de busca e entender quanto estaria custando o CPC, caso você fosse fazer um anúncio no Google.

4) ANSWER THE PUBLIC – HTTPS://ANSWERTHEPUBLIC.COM/

Uma ótima ferramenta para usar em conjunto com o Google Trends e gerar insights ainda mais precisos. O Answer The Public faz total sentido de ser usado em paralelo ao UberSuggest, tanto que também foi comprado pelo Neil Patel.

5) COPYMAKER – HTTPS://COPYMAKER.COM.BR/

O Copymaker é muito eficiente ao criar textos engajadores rapidamente, que sirvam como fonte de inspiração para que você adapte à realidade da sua marca.

O funcionamento da ferramenta é por meio de perguntas para que a IA conheça mais sobre o negócio e crie textos persuasivos em minutos.

A meu ver o copymaker é a melhor ferramenta e justifica o investimento, porque cria estruturas de copy assertivas para cada segmento de mercado. Prontinho para adaptar para a sua marca!

O Copymaker é da mesma empresa criadora do LeadLovers, então há uma grande expertise por trás que é focada em conversão de leads em estratégias de e-mail marketing e marketing digital.

BANCOS DE IMAGENS PARA USAR NA HORA DO APERTO

Nunca é demais reforçar: **é essencial investir em fotos e vídeos profissionais** para mostrar o que você vende. Evitar o uso de banco de imagens precisa nortear a sua carreira em copy.

Mas enquanto não for viável para a marca investir em fotos e vídeos profissionais, estes são alguns bancos que têm imagens que **aparentam ser mais reais**. Antes de usar os materiais, veja bem qual tipo de licenciamento o profissional libera, se exige ser creditado ou se o uso é 100% livre.

- PixaBay: https://pixabay.com/pt/

- Flickr: https://www.flickr.com/

- Unsplash: https://unsplash.com/pt-br

- Freepik (além de fotos e vídeos, também oferece vetores e arquivos .PSD): https://br.freepik.com/

Dica de ouro: quando for contratar fotógrafos e videomakers com foco em ação de copy, não instrua as pessoas como elas devem fazer as fotos e os vídeos. **Foque o poder do storytelling!**

Diga que história você quer contar, e não que produto ou serviço quer vender. Assim, os profissionais pensarão nas melhores imagens que valorizem a história que a marca deseja contar. Inverta o jogo a seu favor!

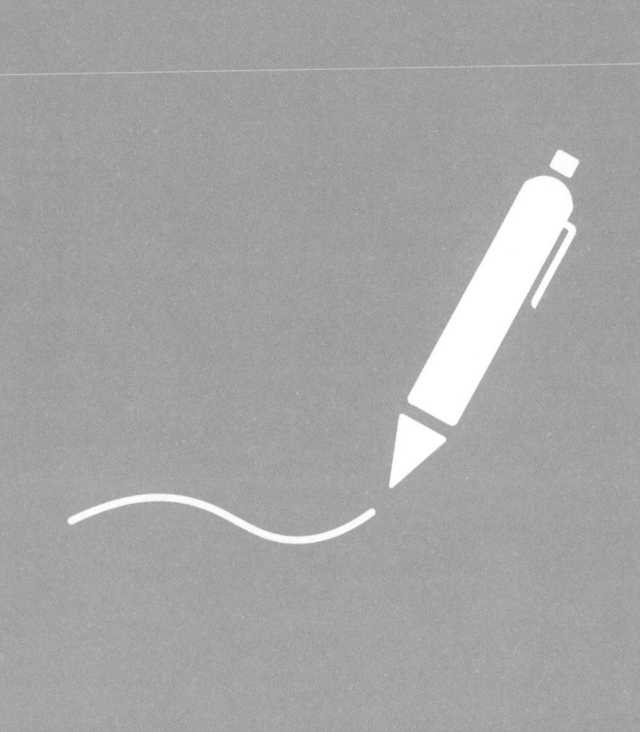

COMPARTILHE EM SEUS STORIES

O CRESCIMENTO VEM DA ENERGIA DEPOSITADA NO FOCO CERTO!

@TERRADORAFAEL

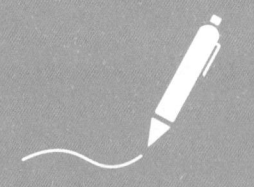

CAPÍTULO 23: EVITE ESTES ERROS NA COPY DOS SEUS ANÚNCIOS

Você já está ciente de que copywriting faz bem e é essencial para escalar negócios. Agora, é fundamental saber também que não se deve exagerar na copy. Além de não ser uma prática efetiva, também pode ir contra as regras das plataformas digitais.

As redes sociais, em especial Facebook e Instagram, costumam reduzir a performance ou até bloquear anúncios por usarem muitas vezes a mesma palavra ou até palavras proibidas.

Para evitar prejuízos, é essencial sempre ler as políticas de anúncios das plataformas, principalmente do Facebook, do Instagram e do Google, pois costumam mudar com certa frequência.

É muito ruim subir uma campanha inteira e depois ver tudo sair do ar ou até mesmo ter a conta bloqueada. Por isso, agora você verá como alinhar bem a copy para não prejudicar os anúncios nem a própria marca. Trago as principais infrações a seguir, as que mais acontecem e geram bloqueios ou exclusões de contas, para você evitar.

1) CLICKBAIT

Jamais aposte em estratégias de clickbait, o famoso caça-clique. No contexto de Copy, o clickbait teria uma promessa exagerada e levaria os usuários para uma página que não entrega o que prometeu.

Ou pior: o criativo é parecido ou tenta se passar pela oferta de outra marca anunciante, mas leva para uma página falsa.

Uma dica para evitar clickbait aos olhos das plataformas digitais é fazer o criativo e a página de destino com identidade visual semelhante.

2) LOGOTIPO DAS PLATAFORMAS

Nunca, jamais, em hipótese alguma use o logotipo do Google e das redes sociais em anúncios. Isso é problema na certa!

Como resolver: se você quer que as pessoas sigam a sua marca, escreva algo como *Me Siga no Instagram*, mas não use o logotipo do Instagram.

3) CONTEÚDOS VIOLENTOS OU IMPRÓPRIOS PARA MENORES

Não use palavras nem imagens que remetam à violência, armas, álcool, preconceito, religião, discurso de ódio, pornografia. Cuidado também para não fazer referências a classes sociais.

As plataformas digitais não aprovam anúncios que possam soar como segregação de pessoas de alguma forma ou incentivos a atos criminosos. As imagens também não podem ser ou remeter a esses tópicos.

Setores como estética e saúde por vezes enfrentam dificuldades para anunciar porque, dependendo do procedimento, algumas fotos podem ter cicatrizes ou algo que remeta a sangue. Tenha isso em mente e evite ao máximo, para que os algoritmos não considerem como algo relacionado à violência ou à mutilação e acabem penalizando a conta.

4) NÃO DÊ CERTEZA DE NADA

Jamais garanta resultados, especialmente financeiros. Você pode, sim, trabalhar com uma promessa forte, mas na página de vendas precisa explicar que **os resultados dependem da pessoa que compra a sua solução**.

Cada pessoa tem um funcionamento. Muitas podem comprar ou contratar uma solução e não seguir as instruções de uso ou as receitas corretamente. Portanto, não há como garantir que só o fato de comprar vai gerar os resultados esperados.

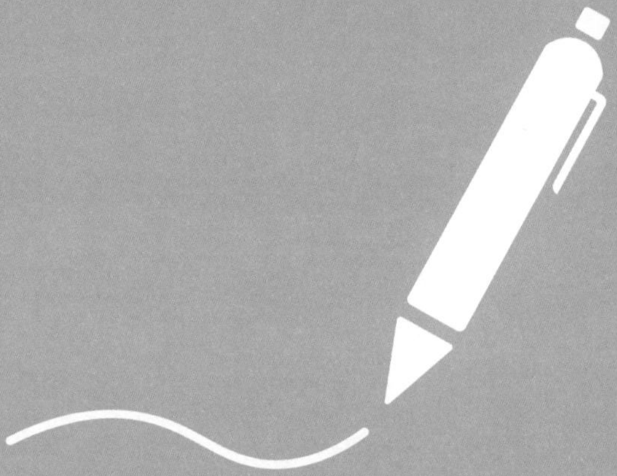

COMPARTILHE EM SEUS STORIES

UM MERCADO JAMAIS ESTARÁ SATURADO PARA UMA ÓTIMA OFERTA!

@TERRADORAFAEL

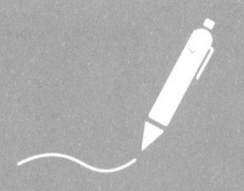

CAPÍTULO 24: CONTEÚDOS DE RECIPROCIDADE – COPY PARA REDES SOCIAIS

A gente só colhe resultados quando planta corretamente e rega direitinho. *Bora* falar sobre marketing de conteúdo para que o plantio seja adequado aos seus objetivos!

Marketing de conteúdo deve fazer parte da rotina da marca. E ele não deve ser substituído nos momentos de investir em copywriting. Pelo contrário: deve ser intensificado!

A ação de Copy também deve contar com uma ação de marketing de conteúdo em paralelo, com começo, meio e fim, pois isso reforçará o **gatilho da reciprocidade**.

O match entre a expertise da sua marca com a solução que a buyer persona busca é o cenário ideal para que a mágica da conversão aconteça!

Duas palavras são sagradas no marketing de conteúdo:

Consistência e Constância.

Na prática, ambas significam que a marca deve ser capaz de fazer as pessoas enxergarem os seus canais digitais como locais que **sempre entregam conteúdo de valor**.

Afinal, a gente olha com maus olhos as marcas cujo perfil não publica há meses, e fica até na dúvida se elas ainda existem, não é verdade? É praticamente um sinal de abandono da marca.

Esta é uma boa forma de integrar o marketing de conteúdo à rotina da tua marca: pense o conteúdo de 15 em 15 dias e, nesse período, fale sutilmente, transforme em conteúdo aquilo que você está vendendo.

Durante a ação de copy, o conteúdo tem que casar com a oferta. Nesses momentos, é essencial que o foco do conteúdo orgânico seja conversar com o que está sendo ofertado.

OS TRÊS NÍVEIS DE ATENÇÃO QUE VOCÊ DEVE CONQUISTAR

Uma boa Copy nas redes sociais deve fazer a audiência chegar a estes três níveis de atenção:

1) Atenção imediata: imagine um vídeo curto de Reels, TikTok ou YouTube Shorts. O primeiro nível é conquistado usando uma capa (miniatura/thumbnail) visualmente atraente e com um bom título logo de cara. Use um dado, uma pergunta ou algo específico do momento que vá gerar curiosidade.

A percepção visual é muito importante no caso dos vídeos curtos. Mas a atenção imediata também é importantíssima para conteúdos em carrossel: o texto do primeiro card deve também apostar nos mesmos elementos para gerar interesse que a pessoa siga vendo o carrossel.

2) Atenção curta: os primeiros segundos (ou os primeiros cards do carrossel) têm que ter algo que segure a pessoa. O valor precisa ser gerado cada vez mais ao longo do conteúdo.

Sempre pense na buyer persona para roteirizar o que vai ser falado ou escrito com o objetivo de fisgar a pessoa pela atenção imediata e segurá-la pela atenção curta.

3) Engajamento: após os dois primeiros passos, a pessoa já se envolveu tanto que está pronta para engajar curtindo, comentando, compartilhando, enviando por DM ou salvando o conteúdo. Pense num CTA que estimule a reação que a sua marca deseja naquele momento.

14 TIPOS DE CONTEÚDO QUE MAIS GERAM RECIPROCIDADE

Engajar é vender! Nesse contexto, veja a seguir os conteúdos que mais geram engajamento e reciprocidade:

1) LISTAS

Este tipo de conteúdo pode ser um card, um carrossel ou até mesmo um vídeo curto que liste benefícios ou mudanças de status que as pessoas podem conseguir e talvez nem saibam que o assunto abordado poderia agregar à vida delas.

Por exemplo: *10 Dicas Poderosas para Aumentar o Engajamento do Instagram.*

O foco é chamar atenção com um bom volume de informações valiosas e fácil de consumir por ser uma lista. No caso de a lista ser na legenda ou no carrossel, lembre-se da leitura escaneada!

É impressionante como mesmo um card que aparentemente seja poluído por ter muita informação gera engajamento, **pois as pessoas amam uma boa lista com informações relevantes e que despertam curiosidade**. Quando o nosso cérebro vê muita informação relevante junta, ele deseja ler na hora ou salvar para ler depois.

2) PALAVRAS NEGATIVAS

O negativo se baseia muito nos gatilhos mentais, em especial a comparação entre dor X prazer. Não custa lembrar: nós, seres humanos, adoramos ter prazer, mas preferimos não sentir dor.

Por isso, usar palavras negativas no título da copy gera engajamento, pois fazem as pessoas passar pelos três níveis da atenção. Por exemplo: *Personal Branding no LinkedIn: 10 Erros Para Você Evitar.*

3) INFOGRÁFICOS

Aposte em gráficos de barras, de pizza, informações em listas visualmente atraentes (mesmo que com muito texto). Tudo isso é muito indicado para conteúdos que envolvam dados.

Lembre-se de que falar sobre estatísticas e pesquisas fortalecem a autoridade digital.

4) CURADORIA DE CONTEÚDO

Apresente as notícias do seu mercado, as tendências, os novos estudos, os novos produtos ou serviços lançados que tenham relação com seu nicho e que servem de inspiração para você inovar.

A curadoria de conteúdo não é um conteúdo propriamente da sua marca, mas é efetiva porque você agrupa ou resume o que é mais importante e facilita que a buyer persona consuma e se mantenha bem informada.

5) COMO FAZER (HOW TO)

Pesquisas sobre como fazer algo estão sempre em alta, especialmente no YouTube.

- Como fazer nó em gravata?
- Como fazer bolo de chocolate?
- Como limpar o vaso sanitário?
- Como investir com apenas R$ 100,00 por mês?
- Como lidar com a ansiedade?
- Como mobiliar um imóvel antigo?
- Como gravar vídeos sem medo da câmera?

O céu é o limite quando o assunto é "como fazer"! Ferramentas como Google Trends, UberSuggest e Answer The Public são ótimas para produzir conteúdos desse tipo.

Aproxime também o como fazer do por que fazer:

- Como verificar sua conta no Instagram e por que você deveria.
- Como investir com apenas R$ 100 por mês e por que você precisa começar agora.

- Como criar o hábito de se exercitar e por que você deveria.

- Como iniciar a carreira de copywriter e por que você deveria começar agora.

É um tipo de conteúdo como uma receita, um tutorial, e é um formato que muita gente salva para lembrar! O salvamento é uma métrica muito importante para o engajamento da marca nas redes sociais, pois além de gerar reciprocidade, também gera segmentação para anúncios mais assertivos.

6) NOTÍCIAS

Diferente da curadoria, este é o caso é da pauta do seu business que caiu de madura.

A gente vive numa realidade em constante FOMO, o medo de ficar de fora. Em vez de usar esse fato para algo ruim, estimule que as pessoas vejam notícias que elas ainda não tenham visto ou então que percebem que você postou recentemente e elas foram as primeiras a saber.

Isso as faz engajar bastante, especialmente compartilhando, pois não querem ficar de fora do que está em alta.

Monitore as palavras-chave do seu mercado no Google Trends, pois dar a notícia em primeira mão fortalece o seu posicionamento como uma Autoridade Digital inovadora e sempre atenta às novidades.

7) PESQUISAS E DADOS

Não use apenas os estudos que saem na imprensa e nos veículos de mídia do seu mercado. Sua marca também pode gerar dados com estudos autorais. A imprensa adora transformar pesquisas e relatórios em matérias, o que pode levar o seu material a um novo nível de atenção, atraindo olhares importantes para os seus objetivos de negócios, além de fortalecer a sua autoridade digital!

8) ESTUDOS DE CASO

Analise marcas do seu segmento. Transforme em estudo de caso a história de clientes que usaram a sua solução.

No contexto da atuação como copywriter, um ótimo estudo de caso pode ser você analisar as ações que realizou para os seus clientes. Por exemplo: *5 campanhas de copywriting bem-sucedidas no ramo da moda.*

Conteúdo transformado em estudo de caso é muito útil principalmente para marcas B2B é muito útil. Estudos de caso em vídeo também são ótimos, e tudo isso funciona muito bem no LinkedIn.

9) IMAGENS + LEGENDA

Reforço: uma imagem bonita é só uma imagem bonita. Texto sobre a imagem é o que dá o contexto adequado.

10) VÍDEOS CURTOS

É o formato que está bombando. E arrisco dizer que nunca vai deixar de estar no gosto das pessoas, pois é um formato que chama atenção pelo visual, possibilita tornar o conteúdo mais dinâmico, e a curta duração é um atrativo a mais para que seja consumido.

Bons vídeos curtos seguem estas cinco regras:

1ª regra: O vídeo tem que ser curto mesmo

Pesquisas do próprio TikTok mostram que os vídeos que melhor performam têm de 20 a 30 segundos. De certa forma, o algoritmo do TikTok marca as pessoas que assistem aos vídeos até o final.

Então é importante fazer com que o público-alvo da marca fique no radar do algoritmo por ter visto um vídeo seu até o fim. Assim, ele tem mais chances de ser impactado com os seus próximos conteúdos, inclusive por meio de notificação do app.

2ª regra: Trabalhe com transições criativas

Cada nicho de mercado tem a própria realidade. E cada empresa tem uma forma própria de se posicionar.

Para conhecer o que é mais assertivo para a sua marca se inspirar, o ideal é consumir conteúdos de empresas do mesmo mercado, assim como de outros grandes players que se destacam no TikTok, para conhecer as principais tendências desse formato e das transições mais adequadas para os seus objetivos.

3ª regra: Aposte na linguagem tutorial

Ensinar algo tem muito a ver com o modo como fazer, e conteúdos em lista indicam passo a passo. Resumir bem as informações para que sejam viáveis de ensinar em um vídeo curto aumenta muito as chances de a marca receber um grande engajamento em cada conteúdo do tipo.

4ª regra: Use música

A música nos vídeos curtos é importante por dois motivos:

Torna o conteúdo mais dinâmico, especialmente se você fizer transições no ritmo da música.

Pode dar um gás a mais na distribuição do conteúdo se a música escolhida estiver em bombando.

Mas não basta apenas usar a música do momento: ela precisa servir para dar uma voz e um protagonismo ao vídeo, respeitando o posicionamento da marca e os seus objetivos de negócios.

5ª regra: Velocidade

Misture as quatro regras anteriores em um vídeo rápido com transições dinâmicas que reforcem a velocidade e você terá uma receita de sucesso para engajar muito a buyer persona no TikTok, no Instagram e no YouTube Shorts.

Isso porque o consumo em looping tende a ser maior, fazendo com que uma pessoa possa ver o vídeo duas ou mais vezes, muitas vezes sem perceber!

11) FAÇA AVALIAÇÕES

Avalie livros, ferramentas e aplicativos relevantes no mercado e, claro, que possam beneficiar a buyer persona. Bomba muito quando você faz uma curadoria e avalia os melhores recursos disponíveis para a sua buyer persona curar uma dor ou conquistar um novo status.

12) CITAÇÕES

Seja a voz da sua comunidade. Nada de frase de Einstein ou Clarice Lispector. Publique cards com frases da sua marca, das pessoas que fazem o dia a dia da empresa. A audiência ama sentir que você falou por ela, e isso gera muito compartilhamento e identificação.

13) PRESENÇA NOS FATOS DO MOMENTO

Esta é uma das dicas mais importantes: insira a marca estrategicamente nos acontecimentos do momento. Este é um tipo de conteúdo que gera conexão com o que está em alta e tende a receber muito engajamento, garantindo também maior durabilidade à publicação.

Eu gosto muito de usar o Oscar, porque é possível pegar exemplos dos vencedores para pautar o conteúdo. Imagine que a Meryl Streep acaba de vencer o Oscar de Melhor Atriz. Há muitas coisas que você pode analisar em relação a esse fato e transformar em conteúdo para as redes sociais.

Por exemplo:

- Comentar sobre o look que a Meryl Streep usou no evento e informar quanto custa cada peça.

- Analisar a casa da Meryl Streep para aproveitar que ela é um assunto do momento.

- Analisar o comportamento da personagem que a atriz interpretou no filme pelo qual ela venceu o prêmio.

- Analisar os looks da personagem.

- Analisar algo específico que a Meryl Streep fez no evento ou no filme em que atuou e trazer para a realidade do seu mercado.

Lembrando que os fatos do momento têm vida curta. Um ou dois dias depois, tudo já passou, então não adianta falar muito depois de acontecer. **Timing apurado é tudo.**

14) VENDA SITUAÇÕES, NÃO PRODUTOS

Isso é sobre versatilidade! Mostrar que há muitas formas de usar o produto ou se beneficiar do serviço. É um conteúdo que mescla venda com consultoria. No caso da moda, é mostrar como uma roupa é capaz de criar três lindos looks de acordo com o perfil da buyer persona.

Essa abordagem vale para antes, durante e depois da ação de copy. Não acabe com o conteúdo após a ação de copy; apenas mude o foco.

Antes: desperte o interesse sobre o assunto.

Durante: conteúdo totalmente flertando com a ação.

Depois: conteúdo com depoimentos, histórias de transformação a partir de quem comprou na ação.

Você também pode trazer depoimentos dos clientes ao longo de toda a jornada. **Seja uma marca engajativa, não informativa.**

∿∿ **COPYWRITING NA PRÁTICA** ∿∿

20 TÍTULOS MATADORES PARA VÍDEOS NO REELS, TIKTOK, SHORTS E YOUTUBE

Importante: trabalhe títulos impactantes tanto no campo de título dos vídeos nas redes sociais, como também para chamar atenção na imagem de miniatura (thumbnail), que é o que as pessoas veem quando estão navegando pelo YouTube ou visualizando as publicações no perfil da marca nas demais redes sociais.

Dica de ouro: inspire-se no que está bombando, especialmente no YouTube, para definir como trabalhar o título do vídeo e na thumbnail. Veja o exemplo do canal Elementar, que eu gosto muito de acompanhar e sempre cito como fonte de inspiração:

O FIM DE LISBOA — 18:42

Por que as pessoas estão ABANDONANDO Lisboa?!

1,8 mi de visualizações • há 5 meses

Dito isso, vamos aos 20 títulos matadores para a sua copy bombar em vídeo!

1. A grande ameaça para a...
2. O lado desconhecido do...

3. O que está acontecendo com...

4. Por que as pessoas estão...

5. Relato importante sobre...

6. Como realmente fazer...

7. Eles estão fazendo isso e estão conseguindo...

8. A nova geração de...

9. A estratégia polêmica de...

10. As verdades escondidas sobre...

11. A verdade nua e crua sobre..

12. Como realmente alcançar o resultado...

13. Jamais faça isso se você quer ganhar...

14. Tudo o que vocês deveriam saber sobre...

15. O preço do sucesso de...

16. Os 10 hábitos que mudaram...

17. Os 5 únicos motivos para você...

18. A inacreditável história de...

19. Como esta pessoa conseguiu XX resultados em XX meses com...

20. Eles fizeram isso para conseguir...

30 IDEIAS DE CONTEÚDO PARA AS REDES SOCIAIS

1. Tendências do seu nicho
2. Compartilhar X termos da indústria
3. Tutorial de como ir de X para Y
4. Conte aos seus seguidores algo que não faz mais sentido no teu nicho
5. Citações que são válidas para o seu setor
6. X erros que iniciantes no seu nicho comentem
7. Compartilhe a jornada de alguém do seu mercado
8. Recursos ocultos das suas ferramentas favoritas
9. Sua opinião sobre um tópico controverso do setor
10. Posts para a audiência votar em algo
11. O que você faria se tivesse que começar do zero
12. Ferramentas gratuitas que podem ser usadas no seu nicho
13. Relate as últimas notícias do seu mercado
14. Coisas que você gostaria que pessoas no seu mercado não fizessem mais
15. Desafie o público a fazer algo
16. O que você gostaria de saber quando começou
17. Como é o dia de uma pessoa no seu nicho
18. X fatos sobre o seu setor
19. Seus livros, especialistas e canais favoritos sobre o seu setor

@terradorafael

20. Reaproveitar um post viral de forma diferente
21. X coisas que devem ser evitadas no seu nicho se você deseja sucesso
22. Mitos comuns sobre o seu mercado
23. Mentalidade que separa os iniciantes dos melhores
24. Estudo de caso sobre como uma empresa no seu nicho cresceu
25. Colabora com um colega de mercado
26. 2 tipos de pessoas no seu nicho
27. Por que a maioria das pessoas falham no seu nicho
28. Fórmula para alcançar o resultado X
29. Tua parte favorita do seu livro favorito
30. Fale em algum momento dos seus produtos e serviços

67 FORMAS DE ESCREVER SOBRE O MESMO ASSUNTO

É muita coisa, não é mesmo? Aqui mora o ouro da copy para redes sociais!

1. Problemas em volta disso
2. Soluções para
3. Mitos sobre
4. Estatísticas da indústria
5. Trends da indústria
6. Erros
7. Crenças limitantes sobre
8. Exemplos
9. Linhas do tempo
10. Antes / Depois
11. Efetivo / Ineficaz
12. O custo de não ter / não fazer

COPYWRITING NA PRÁTICA

13. Recursos
14. Sua prova
15. Depoimentos
16. Pontos de vista controversos sobre
17. Ciclos
18. O futuro do (assunto)
19. A origem do
20. Curadoria da sua opinião / experiência
21. Guias
22. Questões
23. Equívocos
24. Por que você deveria ignorar isso
25. Verdades bombásticas
26. Verdades impopulares
27. Tipos de
28. Por que você acha que isso está acontecendo / O que realmente está acontecendo
29. De — para
30. Benefícios de
31. Quem precisa de tópicos
32. Quem não precisa disto
33. Estudos de caso
34. Metáforas
35. Similares
36. Componentes / Elementos de
37. Meios para fazer isso / ter isso
38. Coisas que você aprendeu
39. Segredos
40. Notícias chocantes
41. Soluções
42. Como fazer isso
43. Transformações
44. Bloqueios mentais
45. Princípios de...
46. O que é / não é
47. Por que você precisa disso
48. Por que você não precisa disso
49. O que acontece sem isso
50. O que acontece com isso
51. Quando você precisa disso
52. Como conseguir isso
53. Como você conseguiu isso

54. Estratégias ao redor disso
55. Processos para isso
56. Modelos para ajudar
57. Causas do problema em torno disso
58. Siglas
59. ABCs de X
60. 3 "Cs" de X
61. Razões para o assunto
62. Ferramentas grátis x pagas
63. Habilidades necessárias
64. Pontos de dor em torno de...
65. Livros sobre
66. Brindes favoritos neste assunto
67. Suas datas padrões

40+ IDEIAS DE CTA PARA AUMENTAR ENGAJAMENTO NAS REDES SOCIAIS

PARA RECEBER MAIS CURTIDAS

- Se identificou? Aperte no coração / Deixe seu like
- Uma curtida para quem disse um "amém"
- Dê dois toque se você gostou
- Preencha o coração
- Curta o post, é de graça
- Curta se você se identificou
- Curta se você achou útil

PARA QUE MAIS PESSOAS SALVEM SEUS CONTEÚDOS

- Depois vai precisar e não vai achar, salva
- Salva, aplica e tenha resultados
- Salve para não esquecer

- Salve para ver depois
- Salve, não custa nada
- Salve para fixar o conteúdo
- Tem muito valor neste conteúdo. Não deixe de salvar!

PARA RECEBER MAIS COMENTÁRIOS

- Já aconteceu algo parecido com você?
- Faz sentido o que eu estou dizendo?
- Comente SIM se você concorda
- Me conta a sua opinião abaixo
- Qual sua opinião?
- Marque alguém que precisa ver isto

PARA QUE O SEU CONTEÚDO SEJA MAIS COMPARTILHADO

- Concorda? Compartilha!
- Quero ver este conteúdo nos seus Stories. Compartilhe
- Compartilhe com alguém que precisa ler isto
- Se identificou? Compartilhe
- Compartilhe para espalhar essa mensagem
- Compartilhe para criar consciência

PARA QUE MAIS PESSOAS ATIVEM AS NOTIFICAÇÕES DOS SEUS POSTS

- Faço conteúdos diários por aqui. Assine para não perder nada

- Vou fazer uma série de conteúdos como este. Assine para não perder nada

- Ative as notificações para não perder os conteúdos diários

- Vou te mostrar mais amanhã. Ative as notificações para não perder

- Minha agenda está meio corrida. Ative as notificações para não perder

- Ative as notificações se você achou esse conteúdo bom

- Seja o primeiro a comentar para ter a chance de ser fixado. Ative as notificações

PARA CONQUISTAR MAIS CLIQUES PARA O SEU SITE

Importante: traga o seu @ na legenda quando pedir para o seu seguidor ir para a bio do Instagram e do TikTok. O @ se transformará num link.

- Clique no link da bio para aprender mais

- Clique no link da bio, é de graça

- Inscreva-se gratuitamente no link da bio

- Visite o site no link da bio para ter...

- Clique no link da bio para ter um desconto especial!

COMPARTILHE EM SEUS STORIES

UM CLIENTE SATISFEITO CONTINUA SENDO A MELHOR FORMA DE CRIAR UMA EXCELENTE COPY!

INVISTA SEMPRE EM DEPOIMENTOS!

@TERRADORAFAEL

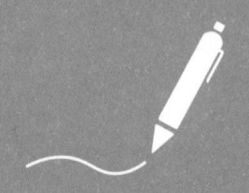

CAPÍTULO 25: COPYWRITING PARA MARKETING DE RELACIONAMENTO

A essa altura você já tem o conhecimento necessário para gerar ótimos resultados com ações de copywriting com começo, meio e fim. Mas ainda tem espaço para melhorar!

Chegou a hora de ver como o relacionamento com os leads pode atingir um novo nível. Este capítulo tem o embasamento necessário que vai dar aquele empurrãozinho para que os leads que ainda não compraram façam a compra agora.

Mas mais do que isso: o que você vai ler aqui também serve para nutrir o relacionamento com quem já comprou da sua marca, para que o cliente compre mais vezes, ou até mesmo compre algo com maior valor agregado.

Este capítulo é parte do livro porque não adianta acertar tudo até gerar o lead se ele for mal atendido no WhatsApp ou no canal que a tua marca usa para SAC. Por isso que, sim, tem copy específica para marketing de relacionamento!

Direto ao ponto, o marketing de relacionamento é o que faz o cliente permanecer com a sua marca.

As pessoas amam um bom papo. E marcas são feitas por pessoas que precisam aprender a se relacionar como se fossem a marca. E nesse contexto todo tem um canal específico que pode ser seu melhor amigo (tanto que o próximo capítulo é só sobre ele): o WhatsApp!

Se liga: uma pesquisa de 2023 da Infobip avaliou mais de **400 bilhões** de interações virtuais e revelou que **o número de negócios fechados pelo WhatsApp subiu 73% em 2022**, na comparação com o ano anterior.

Vir de Zap é bom, né? Mas não é só ele que reina no marketing de relacionamento. Segundo o mesmo estudo, os e-mails para compras também aumentaram em 51%, já as interações pelo chat do Instagram cresceram cerca de 30 vezes em um ano.

8 REGRAS PARA PENSAR O MARKETING DE RELACIONAMENTO

Bora aquecer bem o lead com ótimas estratégias de marketing de relacionamento. Afinal, se a relação está saudável, o lead converte, permanece e tem reais chances de comprar mais!

1) PERSONALIZAÇÃO

Lembre-se das ferramentas que você viu ao longo do livro e sempre aposte em elementos que façam os leads pensarem que a copy está falando com eles, fazendo com que se sintam especiais.

Não tenha medo de segmentar ações com abordagens bem específicas, por exemplo algo direcionado a pessoas de determinado signo. As ferramentas de anúncios possibilitam direcionar os criativos para quem nasceu durante determinado período. Lembre-se de que com profissões isso também funciona muito bem.

Dica de livro: *Personalização*, do autor Felipe Spina. O título já diz tudo! A leitura é superobjetiva e vai te agregar muito.

A promessa do livro é poderosa: *Quem fala com todos não fala com ninguém. Personalize seu Marketing Digital.*

Superindico que você aprofunde conhecimentos em como personalizar as soluções e os anúncios sempre tendo o cliente em mente.

2) CANAIS DE RELACIONAMENTO ABERTOS E ÁGEIS

Aproveite todas as oportunidades que puder colocar o botão para falar pelo WhatsApp.

Recomendo que a página de vendas tenha a promessa + o botão do WhatsApp por perto. Tenha em mente que o botão não deve ser para que a pessoa salve o contato na agenda, e sim que o app abra imediatamente direto na conversa com a marca.

Isso é aproximar o canal de atendimento para que as pessoas sejam rapidamente atendidas, tirem dúvidas e logo convertam!

O bom atendimento no WhatsApp é quase imediato. Se demorar mais do que 15 minutos para responder uma dúvida, são grandes as chances de a pessoa desistir da conversa.

Atenção: nunca deixe o cliente sem resposta. Se você ou alguém da equipe de atendimento vir a pergunta, mas não souber a resposta de imediato, não deixe o lead esperando. Diga que recebeu a solicitação e está buscando a informação para ajudar a pessoa e estime um prazo para retornar a mensagem.

Aprenda: o começo de uma crise é quando a gente não sabe o que esperar do outro.

Quando a pessoa sabe o que você está fazendo, ela sabe o que esperar da marca. Isso evita crises no relacionamento. **Transparência é tudo!**

3) MARKETING DE INDICAÇÃO E DE AFILIADOS

O marketing de indicação é um dos mais baratos, graças à efetividade. Em poucas palavras, é o boca a boca que remunera o seu cliente!

Quem vai indicar a marca? Os clientes megassatisfeitos!

Aqui entra a tradicional pesquisa NPS, muito indicada para entender quem são os clientes que aprovam 100% a marca. Isso possibilita que você faça uma proposta para que esse grupo indique novos clientes; então, você paga um percentual a cada venda ou contrato fechado.

Isso é bem bacana! Tem um ditado que diz algo muito verdadeiro nesse sentido:

O MELHOR ELOGIO É A INDICAÇÃO.

Diferente do marketing de indicação, no ramo de afiliados quem vai indicar precisa ser seu cliente necessariamente.

Existem várias plataformas de vendas de infoprodutos, como a Hotmart, que facilitam o gerenciamento da venda e das comissões por indicação. Você pode cadastrar quem desejar para ser afiliado da venda do produto, mas não indico que você abra para todo mundo. Tenha critérios bem definidos para evitar crises.

Eu já passei por uma situação de deixar qualquer pessoa vender o meu produto por mim e foi um caos! Tem pessoas que atuam na área de marketing de afiliados sem ética e fazem qualquer coisa com a sua marca apenas para vender e ganhar a comissão.

Por isso, recomendo conhecer o marketing de afiliados, mas desenvolver uma estratégia com muito cuidado. Mais importante do que vender agora é preservar a reputação e a imagem da marca, para que ela cresça de modo sustentável e gere vendas recorrentes.

4) SENTIDOS DE EXCLUSIVIDADE E COMUNIDADE

Já parou para pensar por que existem produtos *premium*, *prime*, *exclusive*, *primeira classe*? É porque eles conferem sentidos de exclusividade e comunidade. Por isso principalmente os bancos e as companhias aéreas amam criar soluções com estes termos: as pessoas sempre querem ir para o próximo passo.

Exclusividade também tem muito a ver com entender o momento de compra do cliente. Porque, para ser exclusivo, obviamente o benefício não pode ser para todo mundo. Pense que ação você pode criar com a marca junto aos clientes mais fiéis para que o sentimento pela empresa seja ainda mais forte.

Eu gosto muito de fazer exclusividade com pré-lançamentos. Antes de lançar um produto, costumo fazer uma oferta exclusiva para quem já foi meu aluno ter acesso antes e por um preço promocional.

5) AUTOMAÇÃO INTELIGENTE

Integre os dados dos clientes usando ferramentas de automação, sempre tendo em mente que é preciso entender onde cada cliente está e o que pode ser vendido para cada um naquele momento.

É muito ruim quando uma marca considera todos os leads como no mesmo patamar e deixa os contatos na mesma segmentação da automação. O que acontece? Quem já comprou algo recebe um e-mail de oferta como se ainda não tivesse comprado nada! Chato, né?

Para evitar situações como essa, é fundamental organizar os leads conforme o momento da vida das pessoas junto à marca. Assim, você consegue entender melhor quem está num momento em que vai se engajar ainda mais se receber algo exclusivo.

Dicas de ferramentas brasileiras: PipeDrive, RD Station e Lead Lovers (é a que eu uso no momento que escrevo este livro).

Ferramentas estrangeiras: HubSpot e ActiveCampaign.

Ferramentas de automação em redes sociais: mLabs (brasileira) e Hootsuite (estrangeira).

6) PROGRAMAS DE FIDELIDADE

Aqui não tem muito mistério, né? Quanto mais o cliente compra, mais ganha desconto ou algum outro benefício.

Comprando 10 do seu produto, a pessoa concorre a um prêmio ou o 11º item é gratuito. As possibilidades são muitas! Empresas com programas de fidelidade bem planejados acabam poupando grana por oferecerem benefícios para os clientes mais engajados, dando motivos para que se engajem mais e indiquem novos clientes!

7) O PRÓXIMO PASSO

Muitas pessoas chamam isso de **marketing do sim**, que é um nome mais bonito.

Em vez de sempre estar pensando em novos leads, por que não vender mais para quem já confia na marca? No caso de quem está lendo este livro, o próximo passo poderia ser você receber uma oferta minha para fazer um curso de tráfego pago.

Isso porque ao longo do livro falei sobre a importância de aplicar ambos, para que a ação de copy seja mais efetiva. Então muitas leitoras e leitores vão desejar atuar de maneira 360º nessa área, portanto faz total sentido eu ter uma oferta pensada para esse perfil da minha buyer persona. Seria o próximo passo para o público que já comprou algo meu.

Também seria uma oportunidade para eu oferecer um desconto de exclusividade: *Sei que você comprou meu livro de copywriting, o que acha de agora se qualificar ainda mais e aprender tráfego pago com X% de desconto?*

Aqui é possível trabalhar bem o gatilho da evolução, para que meus clientes percebam que estão evoluindo. Pense nisso e sempre busque fazer com que a sua marca seja percebida como fundamental para uma evolução na vida pessoal ou profissional do cliente.

8) MOMENTOS DE EMOÇÃO

São as ocasiões em que o público está mais emotivo. Isso acontece muito quando as pessoas estão de aniversário ou celebrando as festas de fim de ano.

Num aniversário você não tem que oferecer desconto: **você tem que dar um presente.** O momento de emoção é sobre dar algo, não simplesmente baixar preço.

Presenteie, nem que seja com um brigadeiro gourmet. Essa é uma oportunidade para avisar a pessoa de que ela pode retirar o presente na sua loja. O diferencial da ocasião é que o fato de ser um momento de emoção pode fazer a pessoa visitar e já comprar algo a mais. Se ela estiver acompanhada, quem sabe alguém aproveite para presenteá-la, não é mesmo?

No fim de ano eu costumo gravar uma aula de tendências do ano seguinte e disponibilizar gratuitamente para meus clientes e leads. Tenho feito isso há alguns anos e tem funcionado muito bem, pois meus clientes, leads e seguidores estão em um momento de emoção, fazendo planos para iniciar o novo ano com mais conhecimento e dando novos passos na carreira e nos negócios!

COMPARTILHE EM SEUS STORIES

CRIAR UMA ÓTIMA COPY VEM DO MESMO LUGAR DOS BONS RELACIONAMENTOS: A EMPATIA!

@TERRADORAFAEL

CAPÍTULO 26: COPYWRITING PARA WHATSAPP

Chegou a hora do protagonista total do marketing de relacionamento: o WhatsApp!

Dentre todas as plataformas digitais que existem atualmente para ter contato do lead, não tem uma que mais traga mais felicidade para as marcas do que fazer o lead chegar ao WhatsApp.

Mas às vezes a venda não acontece, porque a equipe de atendimento não está capacitada com as melhores práticas de copywriting.

O conceito de começo, meio e fim de copy também tem que ser usado no WhatsApp. Cada atendimento no WhatsApp tem que ser estruturado dessa forma, ou seja: quando a pessoa perguntar algo, não se limite a responder simplesmente o que a pessoa quer ler.

O segredo para o copywriting de WhatsApp funcionar é fazer o cliente entrar em contato com a marca por esse meio, e não você sair mandando mensagens de prospecção para listas de pessoas não engajadas. WhatsApp é sobre relacionamento, e não para panfletar.

Saiba disto: quando a marca só joga uma informação ou uma prospecção, ela está fazendo spam.

COPY PARA WHATSAPP NA PRÁTICA

Cliente: Tem este tênis tamanho 39?

Marca: Tem, sim.

E deixa o ciente a ver navios...

Essa definitivamente é uma conversa inefetiva, pois não aplica nada de copywriting!

A resposta seguindo a estrutura de copy seria assim:

Cliente: Tem este tênis tamanho 39?

Marca: Tem, sim, e se comprar até amanhã eu consigo X% de desconto. Posso contar com a sua compra até amanhã às 17h?

Lembre-se de que o prazo é muito importante! Com prazo você tem uma porta aberta para voltar a falar com o cliente sem ser invasivo.

Se o cliente afirmar que vai comprar, mas às 16h30 do dia seguinte não tiver comprado ainda, você pode conversar novamente da seguinte forma:

Fulano, vi que você ainda não conseguiu comprar. Posso te ajudar de alguma forma?

Muito além de simplesmente responder no WhatsApp, dessa forma você coloca o cliente num movimento de copy com começo, meio e fim.

O começo: responder o que a pessoa perguntou — uma boa equipe de vendas pega o cliente pela mão e o guia pelo melhor caminho (com um bom motivo) até a efetivação da compra.

O meio: aproveita a resposta para agregar um benefício com um prazo para ser aproveitado.

O fim: data e horário para efetivação da compra e, caso não seja efetivada a compra, a porta está aberta para um approach próximo ao fim do prazo, oferecendo ajuda.

É importante pensar também nas objeções já mapeadas para criar a estrutura de copy no WhatsApp mais adequada para a sua marca.

COMO ENGAJAR UMA LISTA JÁ ENGAJADA

Lembra-se do você leu sobre a importância da página de obrigado ou de um benefício exclusivo para quem assistiu à sua live, levando a pessoa para um grupo de WhatsApp? Agora é a hora da continuação daqueles ensinamentos!

Quando se tem uma lista de leads quentes, engajados, você consegue criar uma estrutura de Copy muito efetiva de vendas e de Marketing do Sim em 5 passos. Antes, vou explicar como já usei essa estrutura, para ajudar você a se inspirar.

Eu realizei o curso Social Media Camp presencialmente para cinco turmas antes de torná-lo 100% online. Para as cinco turmas, sempre dei como benefício um grupo de WhatsApp para cada turma interagir entre si e tirar dúvidas comigo durante dois meses.

Depois desse período eu encerrava os grupos, porque não tenho como dar atenção constantemente, tendo como objetivo de negócios escalonar minha marca lançando novos cursos presenciais e online com frequência. Lembre-se de que é fundamental ter um objetivo e criar uma promessa forte sendo realista com o que você deseja para a marca.

Tenho até hoje esses leads salvos no LeadLovers. Em 2020, a pandemia interrompeu todo o planejamento de eventos presenciais. Só fui retomar minha agenda presencial no fim de 2021 com o evento "As 3 Forças do Digital: Estratégia, Copy e Tráfego Pago".

Então quando foi a hora de colocar esse novo evento na rua, comecei vendendo para as pessoas que já foram a eventos presenciais que realizei, porque entendi que ainda estávamos em um contexto de pandemia.

Pouco a pouco a vida voltava à normalidade, mas ainda não era algo confortável para todo mundo. Ou seja: percebi que as pessoas que já foram a um evento presencial meu teriam mais chances de comprar meu novo curso. E foi assim que comecei a ação de copy via WhatsApp, que explico a seguir:

1º PASSO: OFERTA E COMUNIDADE

Crie uma oferta para um público que já gosta da marca e, o principal, que gere leads no seu WhatsApp.

No meu caso, criei uma oferta (As 3 Forças do Digital) para uma comunidade (turmas presenciais do Social Media Camp).

2º PASSO: INÍCIO DE CONVERSA

É *tête-à-tête*. Um a um.

Você vai iniciar uma conversa com cada cliente e perguntar: *Olá, Fulana. Tudo bem?* E espere pela resposta .Fale quando a pessoa estiver disponível.

Lógico que nenhuma ação de marketing é efetiva em 100% dos casos. Então, vai acontecer de pessoas nem te responderem. Entenda que faz parte do jogo.

3º PASSO: O ÁUDIO

Eu sei que tem gente que é contra áudios, mas num contexto em que a pessoa já confia na sua marca, o áudio personaliza a informação e torna a oferta mais exclusiva. Afinal, é você quem está falando diretamente com o cliente.

De qualquer forma, antes de mandar o áudio, pergunte se pode fazer isso. Se a pessoa topar, envie um áudio falando o seguinte:

- O que está vendendo.
- Informando que se lembrou da pessoa porque ela já comprou da sua marca.
- Finalize dizendo que gostaria muito de facilitar a compra dela (com gatilhos de escassez + urgência) e que está à disposição para negociar, caso ela realmente tenha interesse.

Um exemplo de como você pode abordar o tópico final:

Olha, Fulana, consigo um valor especial de pré-lançamento até amanhã às 20h porque você já comprou de mim. Só para você ter uma ideia, depois que eu fizer o lançamento para todo mundo, o valor vai ser R$ 1.700,00, mas para você farei por R$ 1.000,00 até amanhã às 20h.

Se a pessoa não topar o áudio, escreva um texto que traga as informações que listei acima. Mas o áudio é mais efetivo e torço que a maioria dos seus clientes tope receber, para que eles percebam que é você quem realmente está fazendo a oferta.

4º PASSO: QUEBRA DE OBJEÇÕES

Com certeza muitos terão dúvidas após o passo anterior. Guarde bem essa parte, pois é uma das mais importantes da ação!

Use a oportunidade para mapear as dúvidas e objeções a fim de criar respostas para as próximas conversas, bem como para já ter na manga o conteúdo para quebrá-las nas ações de copy fora do WhatsApp.

Assim, você otimiza muito o trabalho realizando ações de copy via WhatsApp, pois é uma grande fonte de aprendizado rápido!

5º PASSO: NEGOCIAÇÃO

Tenha disponibilidade para criar ofertas exclusivas para cada cliente. Se fizer um evento ou um curso online, e a pessoa pedir uma condição especial para levar um grupo de pessoas, obviamente ofereça uma oferta que faça a pessoa fechar na hora. Vai ser bom para ambos os lados!

Pense nisso independente de você vender produto ou serviço.

Tenha em mente que é sempre essencial ter volume de contatos. A ação via WhatsApp é mais indicada para você que já vendeu para pelo menos 100 pessoas e sabe que terá 100 contatos para tentar vender de novo.

Lembre-se do comportamento de funil de vendas: das 100, pode ser que 5 comprem, porque vai afunilando.

Em resumo, copy para WhatsApp é sempre sobre **relacionamento + jornada com prazo para tomada de ação**.

O prazo é essencial, pois serve como motivo para você voltar a falar com a pessoa se ela não comprar até perto da hora do fim do prazo.

Reforço: não adianta criar um texto ou um áudio com todas as melhores práticas que você viu até aqui se a ação via WhatsApp for com listas de contatos aleatórias, leads frios ou só com foco em venda sem alimentar um bom relacionamento. Esteja disponível para negociar, flexibilizar, receber contrapropostas, o que for para tornar o cliente em **um cliente ainda mais engajado e exclusivo**.

NÃO IGNORE A FORÇA DO WHATSAPP

O público brasileiro é um dos maiores usuários do WhatsApp. São quase 170 milhões de pessoas com idades entre 16 e 69 anos que usam o principal app de mensagens instantâneas atualmente. Isso equivale a 93,4% dos usuários de internet no Brasil.

De acordo com a Pesquisa WhatsApp no Brasil, realizada pelo Opinion Box em 2023, 35% das pessoas mantêm o WhatsApp aberto o dia todo, enquanto 61% abrem várias vezes ao dia.

Atenção para este dado: 79% utilizam para se comunicar com marcas e empresas! Olha só como é importante conhecer o contexto de uso para pensar as ações de copy.

Veja quais são os principais objetivos dos brasileiros ao usarem o WhatsApp para falar com empresas:

- 77% — Tirar dúvidas.

- 69% — Receber suporte.

- 59% — Comprar.

- 51% — Receber promoções.

- 44% — Cancelar serviços.

- 42% — Receber novidades.

- 1% — Não acha adequado se comunicar com empresas pelo WhatsApp.

COMPARTILHE EM SEUS STORIES

UM EXCELENTE PRODUTO SEM UMA EXCELENTE COPY É COMO AQUELE PROFISSIONAL QUE GANHOU O PRÊMIO MAIS IMPORTANTE DA SUA ÁREA, MAS NINGUÉM SABE!

@TERRADORAFAEL

CAPÍTULO 27: ALAVANCADORES DE RESULTADOS E COMO TRABALHAR VALORES EM COPYWRITING

Os alavancadores de resultados são estratégias para vender mais. E às vezes vender mais para quem já está comprando algo.

Sabe quando você está comprando um livro na Amazon e o site oferece mais um com desconto? Isso é um tipo de alavancador de resultado.

Também aplique a precificação da forma correta trabalhada com **o valor da forma correta**. É o que você já leu nos capítulos anteriores sobre percepção do lead a respeito do valor, o famoso preço psicológico.

Dê mais atenção aos atributos que mais aproximam a buyer persona da compra. Siga estas dicas:

1) Nem tudo é sobre valor baixo. Aumente a percepção de valor. Faça continha, mostre quanto vale o bônus que você está dando, para que a pessoa perceba o real valor e entenda quanto ela está poupando por levar a sua solução naquele momento.

2) Compare preços anteriores. Quanto custava antes e quanto custa agora? No caso de lançamentos, quanto custa agora e quanto vai custar depois?

Antes: ~~R$ 1.900,00~~ (lembre-se de riscar)

Somente na Black Friday: R$ 900,00

Também pode mesclar ambos: Custava ~~R$ 1.900~~, agora na Black Friday custa R$ 900,00, mas depois vai ter o valor reajustado para acompanhar os preços do mercado e vai passar a custar R$ 2.100,00.

3) Mais continha: quanto a pessoa vai poupar no médio prazo? Ou quanto vai lucrar? Lembre-se de que as pessoas têm aversão à perda.

4) Remova o simbolo monetário. Restaurantes fazem muito isso. Em vez de R$ 99,00, o prato custa 99. Sem R$ e sem os centavos.

Evite trabalhar com números muito longos, pois olhando de longe um valor de R$ 2.253,59 pode parecer 2253599. 22 mil reais! Não trabalhe número após a vírgula porque fica muito extenso e o cérebro identifica como algo caro.

5) Menor valor sempre. Concentre-se no menor valor quando o preço for alto. Entrada, parcela, se apegue ao menor.

6) Um bom motivo para o desconto. Por que você está oferecendo o benefício neste momento? Aniversário da marca, aniversário da cidade, Natal, Páscoa, Dia das Mães, Dia dos Pais, Black Friday, Cyber Monday...

7) Concentre os descontos no fim do mês. Você já viu que o melhor dia para iniciar ação de copy é dia 12, então se for para dar desconto priorize depois do dia 20.

8) Se for usar centavos, use 97 e não 99. O cérebro tende a arredondar o 97 para 90, enquanto o 99 costuma ser arredondado para 100.

9) Ancoragem de preços. Esta é uma das ações que eu acho mais geniais e quem faz isso muito bem é a Apple, que sempre lança mais de um modelo de celular.

Por exemplo: iPhone 14, iPhone 14 Plus, iPhone 14 Pro, iPhone 14 Pro Max. Cada modelo tem variação de armazenamento em três opções, atualmente 128gb, 256gb e 512gb.

O preço vai encarecendo e as pessoas obviamente comparam as características e os valores de cada um. E o que acontece? **A tendência é comprarem mais a opção intermediária**, porque sabem que estão investindo, então não querem o de entrada.

Muita gente pensa que vai ser julgada se tiver o "maratinho", mas também sabe que a opção mais top é bem mais cara, então acaba optando pela do meio.

10) Regra dos 100. Imagine que você tem um produto de R$ 25,00 que quer vender a R$ 20,00.

Existem duas formas de anunciar a oferta: 20% de desconto ou R$ 5 de desconto.

Qual é mais efetiva para você? A mais efetiva para a maioria das pessoas é 20% porque 20 é maior que 5. Cinco reais parece troco.

11) Elegância dos números. Para produtos e serviços de ticket alto, encha os números sem quebrá-los. Por isso que imóveis normalmente custam R$ 500 mil e não R$ 516 mil. O high ticket merece um número, digamos, mais bonito.

12) Preço em 30 dias. Divida o preço pelo número de dias do mês. Um produto de R$ 50 custa R$ 1,66 por dia. É uma copy um tanto batida, mas que continua funcionando muito bem: *Tão barato que custa apenas R$ 1,66 por dia.*

Assim você dá a sensação de que o valor é menor e o cliente vai pagar um pouquinho por dia. Melhor ainda se você aproximar o preço de um gasto da rotina da pessoa.

Por exemplo: *Somente R$ 1,66 por dia. É mais barato que o seu cafezinho diário.*

O PODER DO UP, DO DOWN E DO CROSS

Dentro dos alavancadores, há três técnicas poderosas de copy que são o Up-Sell, o Down-Sell e o Cross-Sell.

Up-Sell: o famoso próximo passo. É a criação de outras fontes de arrecadação na mesma venda. Quem faz muito isso são as fabricantes de veículos.

Quer o modelo com ar-condicionado? Custa mais X.

É muito legal pensar as soluções da marca como uma esteira de produtos. Isso permite entender onde o cliente está na jornada de compra e relacionamento com a empresa, para que você saiba como fazer a melhor oferta de Up-Sell.

Down-Sell: é importante entender que as pessoas sempre compram produto ou serviço que solucione o problema ou realize o desejo *com o valor que elas podem pagar.*

O Down-Sell é a capacidade de entender que ela está interessada na sua solução, mas não está em condições de comprar o high ticket ou a oferta atual.

Para realizar o Down-Sell com efetividade, você deve conversar com a pessoa no WhatsApp ou em algum outro canal de venda mais direto para informar que não há como baixar mais o preço, mas que existe outra solução semelhante, com as características XYZ, que também a ajudará naquele momento e custa menos.

É bem interessante realizar o Down-sell um ou dois dias depois de terminar uma ação de copy. Ofereça uma solução semelhante para quem se interessou no que estava à venda na ação, mas acabou não comprando.

Sempre crie a oferta com um benefício e um prazo urgente para comprar. Esse período é mais uma chance de faturar e iniciar um novo relacionamento com um cliente que futuramente poderá fazer um Up-Sell porque já desejava uma solução um pouco diferente.

Cross-Sell: são as vendas que se complementam, como o exemplo da Amazon.

COMPARTILHE EM SEUS STORIES

PROVA SOCIAL + ESCASSEZ + URGÊNCIA + GARANTIA SEM RISCO + BÔNUS = OFERTA IRRESISTÍVEL

@TERRADORAFAEL

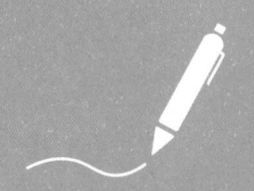

CAPÍTULO 28: 17 TENDÊNCIAS DE COPYWRITING

Você provavelmente já sabe que no digital as coisas mudam muito rapidamente. Isso é fruto do constante avanço da tecnologia, que impacta o comportamento das pessoas e, claro, acaba mudando o mundo a todo momento.

Por isso dedico este capítulo a tendências já na reta final do livro, para que você termine a leitura conhecendo o que vem por aí. Algumas já estão acontecendo e você não pode ficar de fora!

1) CHATGPT E IA PARA MELHORAR AS AÇÕES DE COPYWRITING

A inteligência artificial (IA) veio para ficar. Assim como os algoritmos das redes sociais revolucionaram a forma como consumimos conteúdo na web, agora é a vez de a tecnologia se expandir de modo que as IAs estarão muito inseridas no nosso dia a dia.

Em termos de copywriting, é fundamental fazer com que as IAs sejam nossas amigas. E o ChatGPT foi a primeira a ter grande protagonismo e mostrar a aplicação prática dessa tecnologia na rotina de trabalho.

O ChatGPT ajuda o copywriter a ter mais produtividade. Mas assim como outros recursos que você viu neste livro, a manha é humanizar a pergunta e jamais copiar a resposta.

Pergunte como se fosse a buyer persona que vai comprar da marca. Inspire-se na resposta, jamais copiando frases na íntegra, pois é comum que venham com informações erradas ou falsas.

5 impactos do ChatGPT no marketing que já estão acontecendo

- Inspirar o planejamento da ação de copy e a criação de anúncios.

- Marcas sendo pioneiras. Aproveite para ser a primeira marca do seu nicho a criar algo com o ChatGPT. Já existem livros escritos usando a ferramenta!

- Otimizar respostas e atendimentos.

- Aumentar a capacidade de produção, especialmente por oferecer vários chats ao mesmo tempo.

- Podemos aprender com a máquina. Assim como as IAs aprendem com os seres humanos, nós também podemos estabelecer uma relação de aprendizado com elas.

2) VÍDEOS CURTOS

É um grande diferencial, e será cada vez mais importante, saber copywriting para criar roteiros de vídeos curtos, principalmente no Reels, TikTok e YouTube Shorts.

3) GARANTIA EM DESTAQUE

Cada vez menos miserinha: a garantia deve ser protagonista nas páginas de vendas

4) DO E-MAIL PARA O WHATSAPP

Ações de copy levando leads de e-mail marketing para o WhatsApp ganharão força.

5) COPYWRITING HUMANIZADO

Antigas fórmulas e gatilhos mentais perdendo força e dando espaço para storytelling humanizado.

6) MERCADO PROMISSOR

ALTA DEMANDA para profissionais qualificados em copy para ações com influenciadores.

7) SEM FIRULAS

Pare de enfeitar a copy, seja direto e honesto.

8) IMPERFEIÇÕES

As linhas se confundem entre o português falado e escrito. É um convite para deixar o formalismo de lado em alguns contextos.

9) ADS PERSONALIZADOS

Se não mostrar o nome, não vai vender.

10) SEGMENTAÇÃO RESTRITA

A tecnologia reduzirá seu público real (e para melhor).

11) SIMPLIFICAÇÃO

Copy curta e atraente chamará mais atenção.

12) NÃO É SÓ SOBRE PREÇO

O valor da marca superará os descontos atraentes.

13) AÇÕES NICHADOS

Tchau, tchau, SEO. Olá, anúncios direcionados.

14) VALORES INTANGÍVEIS

A ética e o senso de propósito impulsionarão as vendas.

15) COPY + DESIGN

A demanda por copywriters e designers gráficos atingirá um recorde histórico.

16) COPYWRITING EM SÉRIE

Se a Copy não fizer as pessoas voltarem para ver mais, você não vai aparecer por muito tempo.

17) MARKETING DO SIM

Tem muita empresa que foca somente a captura de novos clientes e leads sem perceber que **o melhor cliente já está na base**, ansioso para comprar de novo e dar o próximo passo.

O marketing do sim é justamente criar um novo degrau para o próximo passo dentro da régua de relacionamentos da empresa. Valorize quem te valoriza!

Pense nisto: você está dando motivos para comprarem de você de novo?

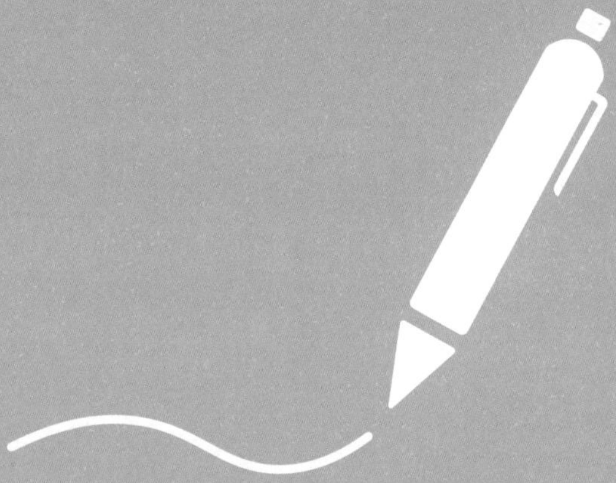

COMPARTILHE EM SEUS STORIES

CONCENTRE-SE EM CONCORRER EM VALOR, E NÃO EM PREÇO!

@TERRADORAFAEL

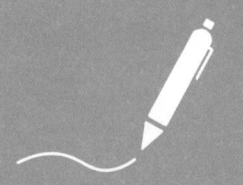

CAPÍTULO 29: MENSURAÇÃO DE RESULTADOS EM COPYWRITING

Parabéns por ter chegado até o fim do livro! Você criou promessa, página, anúncio, relacionamento... Agora é hora de mensurar os resultados para alçar novos voos.

Parece óbvio: a copy que dá certo é aquela que vendeu muito. Mas a verdade é que a mensuração vai além disso, pois envolve também olhar para os leads gerados, que são o que movimenta a marca.

Mensurar leads é primoroso para a evolução do empreendimento. O sucesso do negócio é como uma engrenagem: você perde, você ganha, mas o segredo do sucesso está na **continuidade**.

A continuidade acontece somente quando a marca tem pessoas interessadas no que ela vende, por isso lead é uma métrica muito importante para mensurar a efetividade da ação de copywriting.

Você leu no capítulo anterior que existem ações que alavancam resultados, e os leads são essenciais para isso.

Bora ver as quatro grandes métricas que você deve avaliar.

1) VENDAS: VENDEU OU NÃO VENDEU?

Primeiro, o número de vendas. Quantos itens foram vendidos?

Depois, o faturamento. Quanto você faturou com a ação de Copy?

Hora do retorno sobre investimento (ROI). Quanto você teve de retorno sobre o valor investido?

O CÁLCULO É SIMPLES: (RECEITA GERADA – CUSTOS E INVESTIMENTOS) / CUSTOS E INVESTIMENTOS

Exemplo: Investiu R$ 1.000,00 em tráfego pago via Instagram e teve um retorno de R$ 30 mil.

(30.000 - 1.000) / 1.000 = 29

É interessante fazer esse cálculo também **por fonte de investimento**.

Se além do Instagram você também investiu em anúncios no Google, faça o mesmo cálculo considerando o investimento em Google Ads para comparar qual investimento rendeu mais.

Imagine que foram investidos R$ 1.000 em Google Ads com retorno de R$ 25 mil:

(25.000 - 1.000) / 1.000 = 24

Nesse exemplo, a ação via Instagram se mostrou mais efetiva.

Calcule também o ROI geral da ação de copy. Considerando os exemplos acima, o cálculo da campanha ficaria:

(55.000 - 2.000 / 2.000) = 26,5

2) LEADS

Assim como as vendas, a questão aqui também é quantidade. Guarde esta sigla: **CPL = Custo por Lead.**

O CÁLCULO DO CPL TAMBÉM É SIMPLES: VALOR INVESTIDO / QUANTIDADE DE LEADS GERADOS

Exemplo: R$ 1.000 investidos / 1.000 leads gerados = R$ 1 por lead

Tenha em mente que o preço por lead varia muito de mercado para mercado e é algo bastante volátil, pois depende de diversos fatores, dentre eles a quantidade de marcas do seu segmento disputando o mesmo espaço que você e a sazonalidade.

3) NOVAS SEGMENTAÇÕES GERADAS

Os leads gerados podem ser subidos no Gerenciador de Anúncios do Facebook para fazer uma nova segmentação no FB e no Instagram.

Pessoas que se engajaram também com as publicações, especialmente as que salvaram, geram uma segmentação assertiva. Se você obtiver leads de WhatsApp, eles serão essenciais para gerar uma poderosa para Facebook e Instagram.

Nem todo mundo está conectado em todas as plataformas. Por isso é muito importante atuar em várias frentes e ter vários tipos de segmentação, para realmente conseguir chegar ao público certo.

4) AUTORIDADE DIGITAL FORTALECIDA

É o primeiro pilar de copy, pois copy é sobre confiança. A estratégia serve muito para aumentar a percepção de Autoridade. Muita gente não vai comprar na hora, não vai virar lead, mas vai ter o primeiro contato com a marca e gerar uma percepção positiva.

Cada copy deve ser mais um tijolinho na autoridade digital da sua marca. Gerou percepção positiva, gerou conteúdo de valor, fortaleceu o branding!

Avalie o seguinte:

- Percepção do mercado.

- Aumento de audiência. Lembre-se de que não é sobre ego, e sim sobre aumentar o impacto da marca — quanto mais audiência, maior o topo do funil e maior conversão ao fim do funil.

- Aumento de engajamento nas redes sociais.

- Parcerias com pessoas, empresas e influenciadores digitais.

- Lista de espera.

- Longo prazo: melhoras nos resultados de SEO. Uma página de vendas bem feita ranqueia bem no Google e pode receber mais acessos orgânicos com o passar do tempo.

A lista de espera é o seguinte: quando acabou a ação, especialmente se for de lançamento, você pode esperar uns três ou quatro dias e então entrar em contato com quem ficou de fora da oportunidade seja porque a oportunidade acabou, seja porque naquele momento a pessoa não tinha dinheiro ou cartão de crédito com limite.

Você pode criar um casamento muito forte entre **a lista de espera e a copy de WhatsApp**, enviando um formulário para que a pessoa forneça mais dados e manifeste o interesse na oportunidade. Assim, você sabe que ela deseja que você comunique em primeira mão assim que estiver disponível novamente. E o melhor: via WhatsApp!

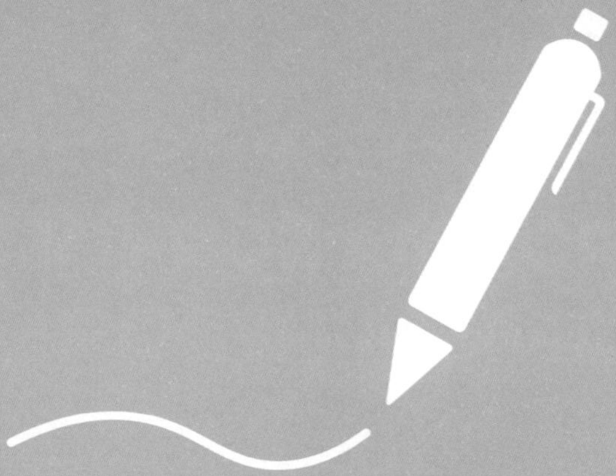

COMPARTILHE EM SEUS STORIES

UMA BOA COPY SEMPRE APROXIMA SONHOS E AFASTA MEDOS!

@TERRADORAFAEL

CAPÍTULO 30: RESUMÃO – UM GUIA RÁPIDO PARA VOCÊ CONSULTAR SEMPRE

Este capítulo é para você relembrar o essencial rapidamente em 10 passos. Aproveite!

1) COPY PRECISA DE AUTORIDADE DIGITAL

Não adianta ter a melhor copy se a marca ainda não tem autoridade digital. Sem isso, não haverá confiança, compra.

Saiba a hora de dizer para o cliente segurar um pouco e melhorar o branding antes de agir.

2) COMEÇO, MEIO, FIM

Copy não é apenas sobre escrever. Copy é sobre criar um movimento de vendas com começo, meio e fim.

Para a copy converter, você precisará pensar nesse fluxo. Do contrário, será apenas uma informação, e não um movimento de vendas.

3) BENEFÍCIOS SEMPRE

Pare de focar apenas as características do produto.

Uma boa copy foca, sobretudo, a cura de uma dor ou a conquista de um desejo. É sobre benefícios, não características.

4) ESCOLHA O MELHOR MOMENTO PARA VENDER

A escolha de um bom período para a realização de uma ação de copywriting é crucial.

Dia 12 é ótimo, pois a maioria das pessoas paga o cartão de crédito no dia 10; assim, elas estarão com limite.

5) COPYWRITING PRECISA DE TRÁFEGO PAGO

Não adianta nada uma excelente copy sem tráfego.

E mesmo que você não goste dos anúncios digitais, precisará entender essa estratégia para criar a estratégia de copy. Afinal, uma copy que converte é aquela que dá match com a segmentação de anúncios.

6) ESTEIRA DE SOLUÇÕES

Você precisa entender da esteira de produtos/serviços do seu cliente. Isso lhe dará ideias para criar ações de copy para bases específicas.

As pessoas sempre querem o próximo passo, e você precisa saber qual o status atual da marca que você atende.

7) VEM DE ZAP

Entenda que a estratégia de Copy, se for boa, vai acabar gerando atendimento no WhatsApp da empresa.

Ou seja: você tem que pensar num discurso também para este canal.

8) ACABE COM AS OBJEÇÕES

Uma excelente copy é aquela que quebra as objeções do cliente.

Você precisa mapear elas e desenvolver criativos com esse foco.

9) NÃO SE ESQUEÇA DO CONTEÚDO ORGÂNICO

Durante toda a ação de copywriting, você precisa produzir conteúdo que gere reciprocidade nas redes sociais.

A melhor forma é transformar o produto/serviço que você está vendendo em conteúdo que agrega, principalmente no formato carrossel.

10) COPY VAI ALÉM DAS VENDAS

Por fim, um copywriter estratégico entende de MÉTRICAS.

Saiba como mostrar todos os resultados das ações para o cliente!

CAPÍTULO 31:
QUE COMECEM AS VENDAS!

Admiro como você decidiu investir no seu progresso e terminou a leitura deste livro. Você está de parabéns!

Agora, você está mais adiante na corrida do copywriting, tendo o conhecimento e os recursos necessários para que as vendas comecem. **Agora é o melhor momento** para iniciar o aumento do seu faturamento como copywriter e das marcas para as quais você trabalha!

Quem não oferece não vende. E quem tenta vender a todo momento não vende também.

Como você pôde perceber, copywriting vai muito além da escrita: é autoridade digital, é estratégia, é tráfego pago, é uma grande mistura que deve ser aplicada em ações de começo, meio e fim para que sejam realmente efetivas.

Deixo aqui o meu desejo de boa sorte e muito sucesso na sua jornada como copywriter! Que todas as técnicas de copywriting te ajudem a trilhar caminhos promissores e você colha os melhores frutos nessa jornada!

Mal posso esperar para ser impactado pelas suas ações de copy. Lembre-se: me chame no Instagram **@terradorafael** para me contar como está sendo o seu trabalho de copywriting.

Nos vemos pelo digital!

Um abração,

Rafael Terra

OUTROS LIVROS DO AUTOR:

INSTAGRAM MARKETING

AUTORIDADE DIGITAL

DVS EDITORA

www.dvseditora.com.br